AF206817

„ Kill your Heroes! "

Marvin Flemming

MEIN LEBEN MIT MARV

Wie du deinen Unistress entspannt geregelt bekommst!

Impressum

Bibliografische Information der Deutschen Nationalbibliothek:

Die Deutsche Nationalbibliothek verzeichnet diese Publikation in der Deutschen Nationalbibliografie; detaillierte bibliografische Daten sind im Internet über http://dnb.dnb.de abrufbar.

© 2017 Marvin Flemming

Illustration: Laurin Flemming

Herstellung und Verlag: BoD – Books on Demand, Norderstedt

ISBN: 978-3-744893374

Inhalt

Teil 1

Die Geschichte der Monster und wieso ich dieses Buch geschrieben habe?

Die Geschichte der Monster

Niemand von uns kommt alleine auf die Welt. Immer wenn ein neues Kind geboren wird, erwacht auch ein anderes Wesen zum Leben. Vom ersten bis zum letzten Tag weicht es nicht mehr von deiner Seite und folgt jedem unserer Schritte bedingungslos. Am Anfang unseres Lebens ist er unser Freund und wir haben viel Spaß zusammen. Wir verbringen viel Zeit mit ihm und können all das machen, was wir wollen. Schlafen, Essen & Spielen.

Irgendwann aber beginnt uns das Leben aufzuwecken. Es besteht nicht mehr nur aus unserem gewohnten Tagesablauf, sondern wird ergänzt mit Arbeit, Stress und Lernen. Das gefällt dem Wesen aber gar nicht. Warum sollte es auch? Was ist gegen Schlafen, Essen und Spielen einzuwenden? Tja, ohne Fleiß und Erfolg ist es heutzutage kaum möglich, sein Leben nach seinen Regeln zu führen.

Wir beginnen zu lernen und zu schuften. Machen Überstunden oder schieben eine Nachtschicht fürs Lernen ein, um die Prüfung am nächsten Tag auch ja zu bestehen! Einer kommt dabei aber viel zu kurz. Das Wesen unter deinem Bett. Anfangs lässt es sich noch viel gefallen, doch dann entwickelt es einen immer größer werdenden Groll gegen alles und stellt sich vor alle wichtigen Dinge im Leben. Wir werden erwachsen, doch das Wesen bleibt immer im Herzen ein Kind.

Durch all den Zorn und Groll entwickelt sich das einst so süße Wesen aus Kindertagen zu einem kleinen frechen Monster, dass dir durch all deine Pläne einen Strich durch die Rechnung macht. „Lernen? Wozu wenn auf Netflix gerade eine neue Staffel deiner Lieblingsserie läuft?" „Nachtschicht? Okay, dann aber bitte im Bett und mit geschlossenen Augen.". Das einst so süße Wesen ist zu einem unaufhaltsamen Monster geworden. Glaubt es zumindest.

Jeder von uns hat ein Monster unter seinem Bett. Nennen wir es Marv. Es ist etwas pummlig, hat 2 große runde Glubschaugen, grünliches zerzaustes Fell und wenn man genau hinschaut, entdeckt man 2 kleine Hörner auf seinem Kopf. Etwa die Hörner des Teufels? Wer weiß.

Auch du besitzt ein kleines Monster unter deinem Bett, welches reichlich Schabernack im Kopf hat. Willst du es sehen? Dann gib ihm zuerst einen Namen.

Der erste Schritt ist getan. Nun weißt du über das kleine Monster Bescheid und es wird nun Zeit, es richtig zu erziehen.

Wieso ich dieses Buch geschrieben habe

Ich bin der Marvin, jung geboren, wurde von da an immer älter und studiere Zahnmedizin in der Slowakei. Und nein, ich bin kein Superhirn, dass ich diesen Studienweg eingeschlagen habe. Mein Abitur war weniger von „sehr gut" mehr von „ja passt" und eigentlich hatte ich keine Chance innerhalb der nächsten Jahre sobald ein Medizinstudium zu beginnen. Wer sich mit dem Thema bereits auseinandergesetzt hat, weiß wie es um den NC steht. Nun stand ich da: mit dem Abitur in der Tasche und unzählige Wartesemester vor mir. Irgendetwas musste ich tun, um mein Wartezeit zu überbrücken. Ich suchte und fand schließlich eine Ausbildungsstätte nicht weit von daheim entfernt - im Dentallabor meines Vaters. 2 Jahre lang eine Ausbildung und alle 2 Wochen 200km nach Halle/Leipzig und zurück. Das war ein Spaß... Eine Sache wurde mir seit Beginn meiner Ausbildung immer wieder eingetrichtert: Wenn du etwas in deinem Leben erreichen willst, musst du dafür kämpfen und arbeiten. Recht hatten Sie.

Durch die Ausbildung hatte ich im Vergleich zum jetzigen Studium viel mehr Zeit. Diese nutzte ich, um mich mit Freunden zu treffen, Serien zu schauen und mich in mein Hobby: die Fotografie zu stürzen. Als meine Freunde sich langsam in alle Himmelsrichtungen verabschiedeten und ihren Träumen nacheiferten, kam auch ich langsam ins Grübeln. Ist es das, was du dein Leben lang tun willst? Nein, das ist es nicht! Bald darauf fasste ich den Beschluss: „So kann es echt nicht weitergehen!"

Zeit ist eine kostbare Währung für uns Menschen. Und auch sie ist begrenzt. Wie meinte meine Biologielehrerin Frau S. immer: „Ab Anfang 20 geht es mit eurem Körper langsam bergab." Vielen lieben Dank für diese tolle Motivation Frau S... Ich mit meinen frischen 20 stehe am Anfang meiner Karriere und soll bald den Zusammenbruch meiner physischen und mentalen Fähigkeiten erleben? Nein Danke!

In 10 Jahren will ich nicht einer von denen sein, die immer noch am Ausgangspunkt ihrer Karriere stehen, nur weil Sie den bequemen Weg einschlugen. Von jetzt an befasste ich mich intensiver mit Themen wie Produktivität, Zeitmanagement, Disziplin, Gesundheit uvm. Nach einiger Zeit der Umsetzung ging ich neben der Ausbildung meinem Hobby der Fotografie weiter nach und baute mir dadurch ein großes Netzwerk und einen enormen Wissensschatz auf. Wochen später veröffentlichte ich mein erstes Buch und im Sommer 2016 meldete ich mich zur Aufnahmeprüfung zur Fachrichtung Zahnmedizin an der einer Universität in der Slowakei an. Schon seit ich klein war wollte ich den menschlichen Körper verstehen und heilen können. Nun setzte ich alle Zeit an das Erlernen des Grundlagenwissens für die Prüfung. 740 von 800 Punkten galt es zu schlagen. Und...es war geschafft! Ich bestand die Prüfung und konnte im September endlich meinem Traumstudium nachgehen. Und heute? Heute bin ich voll dabei. Ein paar Semester hinter mir; ein paar Semester vor mir.

Was will ich dir nun mit meiner doch, ich gebe es ja zu, etwas lang geratenen Biografie verdeutlichen? Jeder von uns kann es schaffen, seine Zeit produktiver zu nutzen. Man muss nicht dafür geboren sein, um in seinem Leben ordentlich was zu reißen und Spaß und Zeit zu haben. Ich hätte damals solch ein Buch gut gebrauchen können, da ich am Anfang ein echter Faulpelz war und jetzt dank meiner Fähigkeiten endlich da bin wo ich bin!

Und jetzt genug von dem Schmalz. Konzentrieren wir uns nun vollkommen auf dich und dein Monster! Ich ebne dir einen Weg, auf dem du deine Produktivität und Fertigkeiten verbessern kannst, deinen Marv richtig zu erziehen lernst und so deine Zeit auf Netflix, fürs Schlafen & das Uni- oder Schulleben genüsslich nutzten wirst.

INFOBOX

DIESES BUCH ENTHÄLT AN JEDEM KAPITELENDE EINE DEKLARATIONSBOX. DEKLARATION IST MEINE GANZ EIGENE MERKHILFE. FOLGE AM ENDE DES KAPITELS IMMER DEN ANWEISUNGEN UND SPRECHE HIERBEI LAUT UND DEUTLICH.

Teil 2

Wie du deinem Monster einen Denkzettel verpasst!

Eat that Frog

Lass uns mit einem kleinen Gedankenexperiment beginnen. Stell dir vor, ich stände vor dir und hielte in jeder Hand einen Teller. Auf dem linken sitzt ein großer grüner Frosch; auf dem rechten liegt eine leckere Tafel Schokolade. Nun musst du dich entscheiden, welchen von beiden Tellern du bevorzugst. Wie entscheidest du dich?

Dein kleines Monster springt voller Panik unter dem Bett hervor und schreit in einem hellen Tonfall: „Nimm die Schokolade! Sie ist lecker und sieht gut aus! Du bist doch nicht so doof und wählst diesen ekelhaften Frosch, oder?" Natürlich nicht kleiner Marv!

Stell dir nun einmal vor, dass es sich auf den Tellern nicht um Frosch und Schokolade handelt, sondern um eine einfache und eine schwere Aufgabe. Du gehst zum linken Teller, nimmst den Zettel mit der Aufgabe in die Hand und liest laut vor: „Schreibe eine 15-seitige Hausarbeit über das Endoplasmatische Retikulum". Alleine beim Vorlesen des Zettels bekommst du eine Gänsehaut und wendest dich dem rechten zu. „Färbe folgende Abbildung einer tierischen Zelle mit den Farben: rot, blau und grün." Für was entscheidest du dich?

Deine Wahl fällt auch dieses Mal wieder auf die rechte Seite. Dein Monster liebt die Bequemlichkeit und ist mehr als zufrieden mit dir. „Schokolade und Ausmalbild! Besser könnte es gar nicht für uns laufen!" Wenn es doch immer so einfach im Leben wäre und du dich immer zwischen nur 2 Dingen entscheiden müsstest. Das wäre ein Leben. Dein kleiner Marv würde es sicherlich lieben. „Ja, es wäre wie diese Show im Fernsehen: Deal or no Deal, wo man sich immer zwischen 2 Koffern entscheiden muss. Klingt doch spannend!" ruft es noch und ist mit einem Satz schon wieder unter deinem Bett verschwunden.

„Das wovor wir uns am Meisten fürchten ist meistens das, was wir am dringendsten tun müssten." –
Timothy Ferriss

Tja, so einfach läuft das aber nicht liebes Monster. Zumeist ist es doch so: Es gibt Tage, da gibt es so gut wie nichts zu tun; dann aber wieder welche, an denen doch jedem Professor auf einmal einfällt, noch eine Hausarbeit oder ähnliches zu verlangen. „Wenn schon Scheiße dann mit Schwung." hörst du es nur unter deinem Bett ertönen. Nun ist es Samstagmorgen und ihr sitzt vor einem großen Haufen Aufgaben. Ein bunter Mix aus Leicht und Schwer. Welche Aufgabe solltet ihr wohl zuerst erledigen? „Die Leichten, die sind entspannter für…" HALT! Sei du mal ganz leise! Lass mich doch erstmal erzählen, welchen Weg ihr einschlagen solltet, bevor du Hals über Kopf entscheidest.

→ Die Wichtigste und Schwierigste Aufgabe am Morgen immer zuerst!

Beginne am Morgen mit der Suche nach dem größten Frosch und „iss" ihn sofort. Alles was danach folgt, wird dir leichter fallen und geht zumeist schneller von der Hand. Der Tag kann nach einem so schweren Anfang also nur noch besser werden, oder? Während deine Kommilitonen bedingt ihres Prokrastinierens immer noch nicht mit der Aufgabe begonnen haben und sich überlegen, welche Ausrede sie dieses Mal am besten vorschieben, bist du schon längst damit fertig und machst dich an die Erfüllung weiterer Aufgaben.

INFOBOX

WENN DU MEHR ÜBER DIESES PRINZIP ERFAHREN WILLST, EMPFEHLE ICH DIR DAS BUCH „EAT THAT FROG" VOM SCHÖPFER BRIAN TRACY.

Das Essen des Frosches am Morgen motiviert dich für den Tag und lässt Glückshormone in dir aufsteigen. Zudem ist es doch eine große Stärkung des Selbstbewusstseins, wenn du mit anderen Kommilitonen im Gespräch bist, ihr auf den Frosch zu sprechen kommt und du der Einzige

bist, der ihn bereits „gegessen" hat. Die Blicke deiner Mitschüler – unbezahlbar.

Na du kleine Nervensäge? Welches Argument fällt dir
jetzt dazu ein? „Mhm...ich...ähm." Das habe ich mir schon
gedacht. Punkt für mich!

Deklaration: Lege deine rechte Hand auf dein Herz
und sage:

*„Ich verspreche hiermit, dass ich jeden Morgen den
größten Frosch des Tages verspeise und so den Rest
des Tages mit leichten Aufgaben verbringen kann.
Bei der Wahl der Aufgaben schenke ich meinem
Marv keinerlei Beachtung. "*

Berühre deinen Kopf und sage:
„Mein faules Monster kann mich mal"!

P.S. Nach jedem abgeschlossenen Kapitel findest du eine
kleine Anmerkung von mir. Viele Überraschungen warten auf dich. Um klein anzufangen, findest du auf der
nächsten Seite genug Platz, um dein ganz persönliches
Monster einmal aufzumalen.

Male deinen Marv!

Ziele setzen

Durch das Erledigen von Aufgaben und das Erreichen von Zielen produziert unser Körper spezifische Glückshormone. Haben wir zum Beispiel eine körperliche Anstrengung (Schwimmen, Laufen) hinter uns gebracht, so schüttet er Hormone wie Serotonin und Endorphin aus. Nicht nur wir fühlen uns sicherer in unserem Handeln und werden selbstbewusster, sondern leider auch der kleine Marv. Haben wir ein Ziel erledigt, gönnt er sich erst einmal eine Pause. Eine Stunde vergeht, zwei Stunden vergehen und irgendwann ist der Tag vorbei. Dein kleiner Marv ist glücklich und du stocksauer, weil du deinen Plan nicht erfüllt hast. Um dieser Situation aus dem Weg zu gehen, musst du deinem kleinen Neunmalklug zeigen wie der Hase läuft.

Das Streben nach Anerkennung und Erfolg ist fest in uns verwurzelt und reicht tief bis in die Steinzeit zurück. Schon damals ging es darum, wer seine Ziele am Schnellsten und Besten erledigt. Wir sprechen hierbei von der „Sucht nach Erfolg". Mit diesem Wissen können wir folgende Gleichung aufstellen:

Große Ziele = mehr benötigte Zeit = weniger Erfolgserlebnisse = kleine Sucht

Kleine Ziele = weniger benötigte Zeit = mehr Erfolgserlebnisse = große Sucht

Das kleine Monster, mittlerweile wieder unter dem Bett hervorgekommen, sagt: „Okay, dass klingt doch super! Ball flach halten und es mit den Zielen nicht mehr übertreiben. Setzen wir uns kleine Ziele im Leben. Dann können wir beide entspannter Leben!"

Kann mal bitte jemand diesen Quälgeist entfernen. Das sollte es nun nicht bedeuten! Ich spreche nicht davon, dass du den Ball flach halten solltest; vielmehr ist gemeint, dass du ein großes Ziel in ein paar kleinere Ziele unterteilen sollst.

Nehmen wir an, dass du einen Vortrag erarbeiten musst. Thema: „Der Utilitarismus als angewandte Ethik". Nun schreibst du dir auf unsere ToDo Liste nicht nur: „Vortrag ausarbeiten", sondern unterteilst diese Aufgabe in kleinere Aufgaben. In unserem Beispiel können wir uns die Gliederung des Vortrages vornehmen und die Themen nacheinander aufteilen. Das könnte in etwa so aussehen.

Der Utilitarismus als angewandte Ethik // To-Do-Liste

_____ Gliederung & Entstehung der Utilitarimustheorie

_____ Der Utilitarismus und seine Begründer

_____ Weiterentwicklungen klassischer Standpunkte

_____ Zusammenfassungen & Quellen

Triff auf keinen Fall die fehlerhafte Entscheidung und zerstückle deinen Vortrag in Einzelteile auf deiner To-Do-Liste. Das führt nur allzu schnell zur Oberflächlichkeit und schadet deinem Ergebnis. Wenn du aus einem Ziel <u>3-5 kleinere Ziele</u> erstellst, ist deine Liste übersichtlich, dein Marv nicht schon vom Lesen deiner Liste erschöpft und du kannst dich direkt an die Erfüllung der ersten Aufgabe machen.

„Die Tatsache, dass eine Aufgabe viel Zeit beansprucht, macht Sie nicht gleich zu einer wichtigen Aufgabe." – Brian Tracy

Schreibst du deine Ziele immer in eine App oder auf deinen PC? Dann wird es Zeit ein wenig mehr Oldschool in dein Leben zu bringen! Mit einem <u>Stift auf Papier!</u> Dein Gehirn merkt sich durch das eigene Schreiben deine Ziele schneller, als wenn Sie im Datenrausch online verschwinden. Auch Marv kommt bei dieser Methode auf seine Kosten. Immer, wenn er von nun an unter seinem Bett hervorkommt, strahlt ihn als Erstes der Zettel mit den heutigen To-Do's an. „Ja, war eine echt super Idee…"

Vergiss nicht, dich nach jedem kleinen Ziel zu belohnen. Such dir eine Kleinigkeit aus, wie eine paar Weintrauben, einen Apfel oder vielleicht doch ein Stück Schokolade.

Deklaration: Lege deine rechte Hand auf dein Herz und sage:

„Ich verspreche hiermit, dass ich von nun an alle gro-ßen Ziele in 3-5 Unterziele unterteile. Diese werde ich sorgfältig mit Stift auf Papier notieren und mich hinterher mit einer Kleinigkeit belohnen. Meinem Marv werde ich hierbei allen Spaß an der Freude nehmen!"

Berühre deinen Kopf und sage:
„Mein faules Monster kann mich mal!"

P.S. Auf der nächsten Seite findest du eine Vorlage, in der du dein nächstes großes Ziel in 4 kleine Ziele aufteilen kannst. Worauf wartest du noch?

Meine To-Do-Liste

Mein Hauptziel:

_____

_____

Aufgeteilt in 4 kleine Ziele:

1.

_____

2.

_____

3.

_____

4.

_____

Das Journal

Ein großer Stapel mit vielen Aufgaben liegt vor dir und du weißt nicht so recht, wo du anfangen sollst. Gerade als du mit der obersten Aufgabe beginnen möchtest, meldet sich aus dem Hintergrund eine Stimme. „Bist du wahnsinnig damit jetzt schon anzufangen? Warte doch erstmal auf die Anderen was die so schreiben, womit Sie begonnen haben. Inzwischen schau doch mal auf YouTube.

In deinem Feed stand doch gestern, dass Dude Perfect wieder ein neues Video hochgeladen haben. Das geht auch nur 12 Minuten. Dann kannst du loslegen." Gesagt getan und aus 12 Minuten werden 20, 30, 40. Die Falle der Prokrastination hat wieder zugeklappt und dein kleines Monster amüsiert sich herzlich über das neue Animal Fails Video der FailArmy.

„Jede Minute in der Planung spart 10 Minuten in der Realität." – Brian Tracy

Warum ist das so? Dir fehlt der richtige Fahrplan mit Stationen, der Reihenfolge nach sortiert. Kurz gesagt: die „Ordnung im Chaos". Damit du nach dem Aufwachen gleich loslegen kannst, beginnt die Vorbereitung schon am Abend zuvor. „Oh Gott, jetzt müssen wir am Abend schon den nächsten Tag vorbereiten? Hatte der Typ nicht gesagt, dass wir in Zukunft mehr Zeit haben werden?" Ganz richtig, die bekommt ihr auch!

Wenn du den folgenden Tipp beherzigst, wirst du nicht noch mehr Zeit verlieren, die du mit unnötigem Müll und Prokrastinieren verschwendest, sondern neue Zeit gewinnen. Wie das funktioniert? Mit einem so genannten Journal!

Besorge dir ein komplett leeres Notizbuch und mache es zu deinem persönlichen Schlüssel zur Produktivität. Am besten, du legst es schön weit, von deinem Marv entfernt, weg. Nicht auf den Boden oder in irgendeine Ecke! Ansonsten fällt ihm später noch ein, es unauffindbar zu machen. „Wer ich?!?! Niemals!!!"

Was nun folgt ist eine Liste von Schritten, die dir am Abend helfen sollen, all deine Aufgaben für den nächsten Tag sinnvoll zu planen.

1.	*Werde dir über alle deine Ziel klar und schreibe Sie untereinander in dein Journal!*
2.	*Setze jedem Ziel eine Frist! Dein Ziel sollte immer mindestens 2 Tage vor der wirklichen Frist erledigt werden. Auf diese Weise kannst du in deinen Vorträgen Kleinigkeiten ausbessern und perfektionieren oder vor einem Examen dein Wissen auf den „Expertenstatus" bringen.*
3.	*Beschrifte deine Ziele nun nach Prioritäten! A – „super wichtig"; Z – „unnötig" oder „hat Zeit."*
4.	*Setze deinen Plan sofort um! Beginne mit der ersten Aufgabe!*

Wenn du diese Schritte erledigt hast, kannst du dich gemütlich ins Bett legen und am nächsten Tag mit einem genauen Plan für den Tag aufwachen.

Beginne mit Priorität A und arbeite dich Stück für Stück durch die Liste. Du wirst sehen, dass deine Effektivität um ein Vielfaches steigt. Kein Monster kann dich jetzt noch mit Ausreden bombardieren. Dein Plan steht und du weißt ganz genau, wo du beginnst!

Denke daran, nach jeder erfolgreich gelösten Aufgabe einen fetten Haken hinter die erledigte Aufgabe zu machen. Glücksgefühl on Fire!

Deklaration: Lege deine rechte Hand auf dein Herz und sage:
„Ich verspreche hiermit, dass ich von nun an alle Ziele und Aufgaben sortiert in meinem Journal notiere und dieses vor meinem Marv in Sicherheit bringe!"

Berühre deinen Kopf und sage:
„Mein faules Monster kann mich mal!"

P.S. Auf der nächsten Seite findest du eine Vorlage, wie deine tägliche Journal Grundsage aussehen könnte.

Journal Eintrag vom _____ [Datum]

Welche Ziele habe ich heute erreicht?

_____

_____

Welche Ziele möchte ich morgen erreichen?

A

_____

B

_____

C

_____

D

_____

Ich bin dankbar für:

_____

Der richtige Plan

Zeitmanagement. Was für ein angsteinflößendes Wort, o-
der? Dem kleinen Marv stehen jetzt schon die Haare zu
Berge. Da sein grünes zerzaustes Fell ansonsten immer
schon ein wenig zu Berge stand, sieht er nun aus, als käme
er frisch vom Baden und Trockenföhnen. Sieht schon ganz
putzig aus dieses Monster. Aber lassen wir uns vom äußeren Schein nicht täuschen...

„Warum müssen wir uns jetzt auch noch mit Zeitmanagement auseinandersetzen? So wichtig sind unsere Aufgaben nun auch nicht!" Oh doch! Und wenn Sie es gerade
mal nicht sind, spart dir dieses Prinzip eine Menge Zeit,
die du für interessantere Dingen nutzen kannst.

„Nur wenn etwas klar definiert und wichtig ist, sollte
es überhaupt getan werden." – Timothy Ferriss

Ohne die richtige Planung bringt dir auch der größte Wille
zur Veränderung keine Zeitersparnis. Deine erste Liste mit
Aufgaben für den nächsten Tag formulierst du ja bereits
in deinem Journal. Lass uns nun in größeren Dimensionen
denken.

Die bereits bestehende Liste ist deine Daily List. Sie umfasst alle die Dinge, die du in der kommenden Zeit erledigen musst. Der nächste Schritt ist deine Monthly List.

Diese Liste umfasst alle etwas größeren Ziele, die du in einem Monat erledigt haben möchtest. Schreibe diese Liste an jedem 1. des Monats und hake Sie Stück für Stück über den Monat hinweg ab, sodass am Ende alle Aufgaben erledigt sind. Die Unterteilung dieser großen Ziele kannst du in deiner Daily List vornehmen.

Natürlich gibt es noch weitere Listenarten wie z.B. die Weekly List oder die Quartalsliste. Je nachdem, in welchen Zeitdimensionen du deine Aufgaben erfüllen musst, wählst du 2 der für dich optimalsten Listentypen aus. Ich persönlich nutze vorwiegend die Tages- und Semesterliste.

„Das waren jetzt aber eine Menge Listen." Dem kleinen Marv dröhnt jetzt schon ordentlich der Kopf. Um dich aber zu beruhigen: Schlimmer wird es nicht!

Mach das Planen und Ziele setzen zu deiner persönlichen Routine. Sollte es dir am Anfang schwerfallen, setze dir einen Wecker in deinem Smartphone. Solltest du aus einer langen Partynacht nach Hause kommen und einfach nur noch müde sein, schreibe dein Journal kurz vor dem abendlichen Ausgang.

Während deine Kommilitonen Samstagmorgen noch vor einem Stapel unlösbar scheinender Aufgaben sitzen, hast du bereits 4 davon erledigt und kannst dir am Nachmittag, nach Erfüllung aller zu erledigender Dinge, eine Auszeit gönnen. Dein kleiner Marv wird es dir Danken!

„Endlich Zeit, dass ich mich von den Kopfschmerzen erhole!"

Deklaration: Lege deine rechte Hand auf dein Herz und sage:

„Ich verspreche hiermit, dass ich von nun an mehr als eine Liste für die Zukunftsplanung nutze und diese ständig aktualisiere. Mein kleiner Marv darf davon ruhig Kopfweh bekommen! Ich hingegen habe einen klaren Kopf!"

Berühre deinen Kopf und sage:
„Mein faules Monster kann mich mal!"

P.S. Auf den folgenden Seiten habe ich dir ein paar Vorlagen hinterlegt, in denen du mit der Planung sofort loslegen kannst!

Meine Tagesziele

1.

_____

2.

_____

3.

_____

4.

_____

5.

_____

Nach Erfüllung jedes Zieles belohne ich mich mit:

_____

Meine Monatsziele

1.

_____

2.

_____

3.

_____

4.

_____

5.

_____

Nach Erfüllung jedes Zieles belohne ich mich mit:

_____

Das 80/20 Prinzip

Du weißt jetzt, wie du deine Aufgaben und Ziele struktu- riert sortierst und zeitlich effektiv einteilst. Nun möchte ich dir eine kleine Erweiterung zeigen. Sozusagen einen Bonus. „Oh Gott was kommt jetzt?"

Das 80/20 Prinzip! Es ist auf jede deiner Listen, egal wie viele Aufgaben und Ziele es umfasst anwendbar und wird dir in Zukunft jede Menge Zeit ersparen!

„Wir haben nie genug Zeit alles zu erledigen. Aber wir haben immer genug Zeit um das Wichtige zu erledigen." – Brian Tracy

Sicherlich befinden sich auf deinen Listen eine Vielzahl an Dingen, die dir und vor allem deinem nervigen Monster wichtig erscheinen. Doch sind Sie wirklich alle notwendig? Nein!

Für das herausfiltern solcher unnötigen Belastungen, wendest du ab sofort das oben genannte Prinzip an.

80% = Unnötig; 20% = Wichtig

Nimm jetzt eine deiner Listen zur Hand und besorge dir einen Stift.

Markiere nun die (maximal 3) wichtigsten Ziele in deiner Liste und begutachte dann den Rest der Punkte. Sind Sie notwendig? Dann lass Sie bestehen. Sind sie überflüssig oder lassen sich auch von einer anderen Person ausführen? Dann streiche Sie aus deiner Liste.

Diese Methode ist sozusagen der Frühjahrsputz in deiner Ordnung. Durch dieses Prinzip legt sich dein Fokus auf die wirklich wichtigen Dinge im Moment und filtert alle unnötigen Belastungen.

„Wer sagt denn, dass das Schauen der letzten Folgen „Suits" Staffel 3 nicht auch wichtig ist? Wenn wir das nicht tun, dann werden wir nie erfahren wie es weitergeht!" Das werdet ihr auf jeden Fall, kleiner Marv. Doch das Schauen einer Serie hat wirklich nichts in einer ToDo Liste zu suchen. Wenn ihr Euch strikt an eure offizielle ToDo-Liste haltet, dann werdet ihr noch früh genug Zeit dafür haben, Binge Watching auf Netflix zu betreiben.

Bist du dir einmal nicht sicher, wie du deine 20% erkennen kannst? Dann stell dir folgende Frage: Was sind die möglichen Auswirkungen, wenn ich dieses Ziel erfülle?

Bedenke: Wichtigstes hat Langzeitwirkung!

Hast du das Prinzip nun ordnungsgemäß angewendet, so hast du in Zukunft mehr Zeit für die Erfüllung der wirklich wichtigen Dinge.

„Wow! Das heißt also: Wenn wir uns jetzt auf die wichtigsten Aufgaben fokussieren, sind wir schneller damit fertig und haben hinterher Zeit, um „Suits" weiterzuschauen?" Ganz genau!

Aber Vorsicht! Nur weil dir eine Aufgabe wie Hausaufgaben oder Stundenvorbereitungen nicht als wichtig erscheinen, heißt es nicht, dass sich nicht wichtig sind. Bewerte objektiv und gewissenhaft! Dein Zukunfts-Ich wird es dir danken.

Deklaration: Lege deine rechte Hand auf dein Herz und sage:

„Ich verspreche hiermit, dass ich von nun an auf alle meine ToDo Listen das 80/20 Prinzip anwende und somit den Fokus auf die wirklich wichtigen Aufgaben lenke. Ich werde es gewissenhaft und objektiv anwenden und mich dabei nicht von meinem Marv beeinflussen lassen!"

Berühre deinen Kopf und sage:
„Mein faules Monster kann mich mal!"

P.S. Um den kleinen Marv ein wenig zu ärgern, habe ich dir hier meine Top 5 Binge-Watching Serien herausgesucht.

TOP 5 Binge Watching Serien

1. Stranger Things

2. House of Cards

3. Game of Thrones

4. Better Call Saul

5. Narcos

Mach deine Hausaufgaben

„Das Abitur in der Tasche, an der Uni eingeschrieben! Endlich kann ein neuer Lebensabschnitt beginnen! Vorträge & Hausaufgaben können mich mal! Jetzt startet das Leben!"

So geht es wohl vielen von uns, bevor Sie ihr Studium beginnen. Doch nach einigen Wochen müssen wir dann doch schnell feststellen: „Es ist nicht alles Gold was glänzt". Professoren bombardieren einen mit Hausaufgaben, egal ob als Vorbereitung auf die nächste Stunde oder gar als gesamte Übernahme des Lernplans für den Tag.

Hausaufgaben sind und bleiben ätzend. Doch wusstest du, dass Sie dir auch Zeit ersparen? „Klingt komisch, ist aber so!" Danke kleiner Marv…

Hausaufgaben sind eigentlich nichts weiter als die Vor- oder Nachbearbeitung von Lernstoff. Sich auf die nächste Stunde vorzubereiten gilt eigentlich als ungeschriebenes Gesetz jeder Universität. Doof nur, wenn 80% der Studenten das anders sehen. „Schuldig im Sinne der Anklage!"

„Wozu soll ich den Stoff zweimal lernen, wenn wir an dem Tag sowieso keine Prüfung schreiben?"

Vom Prinzip her stimmt diese Gleichung, doch lass es mich mal so formulieren:

1x lernen = Weniger Zeit & schlechtere Punkte.

2x lernen = Mehr Zeit & bessere Punkte.

Du kennst diese Situationen doch sicherlich auch: Kurz vor dem Endexamen prasselt der gesamte Stoff des letzten

Jahres auf dich ein und für dich kommt einfach alles vor wie chinesische Schriftzeichen. „Ich habe keine Ahnung was die von uns wollen" ruft das kleine Monster. „Suchen wir uns lieber eine bessere Alternative zu diesem Job. Ich habe mal gelesen, dass es als Wasserrutschentester 34.000€ Vergütung gibt. Das wäre doch was für uns, oder?"

„Es gibt weniger Konkurrenz bei den großen Zielen." – Timothy Ferriss

---

Um genau solche Situationen zu vermeiden, solltest du deine Hausaufgaben machen. Direkt nach der Stunde ist der Stoff noch frisch im Kopf und schreit förmlich danach, noch einmal durchdacht zu werden.

Links und rechts mit kleinen Randnotizen versehen und den Stoff verstehen. 20 Minuten der Ausarbeitung sparen dir später Stunden der Ansatzüberlegung.

Vor der nächsten Stunde schaust du dir dann den Stoff noch einmal genauer an und gehst mit einem klaren Kopf vorbereitet und motiviert in die Stunde.

<u>Bonus</u>: „Tue alles und ein bisschen mehr!"

Befolgst du diesen Rat, hast du in der Summe vielleicht ein wenig mehr zu tun. Dafür sparst du enorm viel Zeit in der Prüfungsphase.

Während deine Kommilitonen nachmittags 16:00 in der Endexamensphase vor ihren Büchern hocken und einfach nicht wissen, wo Sie anfangen sollen, bist du bereits fertig und gönnst dir zur Belohnung ein leckeres Eis. Klingt gut oder?

„Eis klingt immer gut!"

Deklaration: Lege deine rechte Hand auf dein Herz und sage:
„Ich verspreche hiermit, dass ich mir von nun an meine Hausaufgaben und Stundenvor- und Nacharbeitungen sorgfältig und gewissenhaft vornehme und mir so in der stressigen Endprüfungsphase auch mal ein Eis gönnen kann! Mein kleines Marv wird mich hassen, aber sich später über das Eis freuen!"

Berühre deinen Kopf und sage:
„Mein faules Monster kann mich mal!"

P.S. Das waren jetzt aber ein paar lange Kapitel! Es wird Zeit, für ein wenig Ablenkung. Nun folgen ein paar Uni-Alltags-Situationen, die jeder kennt.

Situationen die jeder Student kennt

Uni – der Ort an dem alle Leute schlauer sind als du.

Außer dein Partner bei der Gruppenarbeit...

Egal wieviel Müll man auch schreibt, mit Fußnoten hat das ganze einen professionellen Touch!

„Hoch die Hände, Monatsende!"

Matze, 22, Student beim Banküberfall

„Spielen wir lieber ohne Fluss!"
„Jaaa, viel zu schwer!"

Wir, 4 Studenten, spielen lieber Stadt, Land, Film

Der Tag hat 24 Stunden

Eine Minute hat 60 Sekunde. Eine Stunde hat 60 Minuten. Ein Tag hat 24 Stunden. Diese Gesetze habe wir bereits in der Grundschule gelernt. Sollten wir zumindest…

Jeder Tag gibt uns die Chance etwas auf der Welt zu verändern. Dass das nicht gleich von heute auf morgen geschehen kann, dürfte dir bekannt sein. Doch wie kommt es, dass 2 Menschen für die Erfüllung des gleichen Ziels unterschiedlich lange brauchen?

Person A und Person B sollen eine 10-seitige Hausarbeit über ein Thema ihrer Wahl schreiben. Person A ist nach einer Woche fertig und Person B nach 2 Tagen. Beide bekommen nach objektiver Einschätzung eines Prüfers die Note B. Wie kann das sein?

„Die scheinbare Wichtigkeit und Komplexität einer Aufgabe dehnen sich in genau dem Maß aus, wie Zeit für ihre Erledigung zur Verfügung steht." – Jack Nasher

„Wir müssen aber davon ausgehen, dass beide Personen über den gleichen Wissensstand und die gleiche freie Zeit verfügen. Sonst macht die Geschichte doch keinen Sinn, oder?" Schlau kombiniert, Sherlock!

Warum wurde nun die 2. Person schneller fertig als die Erste? Die Lösung ist einfach. Person B hat seine Frist auf 2 Tage gelegt, Person A auf 10 Tage.

Fristen sind ein enorm gutes Mittel, um Druck aufzubauen und die eigene Produktivität zu steigern. Wie heißt es doch so schön? „Unter Druck entstehen Diamanten". Dir dürfte mittlerweile aufgefallen sein, dass sich solche Sprüche nicht nur gut auf Kalendern machen.

Solche und andere Aussagen gibt es nicht ohne Grund! Alle samt tragen einen wahren Kern und entstanden aus Erfahrungen der Menschheitsgeschichte.

Versuche in deinem Journal die Fristen für deine Ziele zu kürzen und dir weniger Zeit für deren Erfüllung zu lassen. Du wirst sehen: Wenn du etwas wirklich willst und dich fest an diese Frist hältst, schaffst du auf einmal Dinge, von denen du nie erwartet hast, sie in so kurzer Zeit zu erledigen.

Deine Zeitrechnung wird ab jetzt anders laufen als die der Anderen. Wo deine Kommilitonen 7 Tage für eine Hausarbeit brauchen, benötigst du nur 2. Das macht 5 Tage zusätzliche freie Zeit, in der du dich schon auf die nächsten Aufgaben stürzen kannst. Im Durchschnitt hast du viel mehr Zeit als alle anderen.

„Immer wenn wir mehr Zeit bekommen, müssen wir Sie gleich für neue Aufgaben nutzen. Dürfen wir denn nie ein wenig Spaß haben?" Klar dürft ihr das! Der Mensch ist ja keine Maschine, die 24 Stunden am Tag abliefern soll. Stell dir mal vor, du hättest tatsächlich 5 Tage mehr Zeit als deine Kommilitonen & Mitschüler. Du könntest deine

Zeitplanung ein wenig flexibler gestalten und dir auch mal ein paar Folgen deiner Lieblingsserie gönnen. Was ist dafür die wichtigste Grundlage? Tue es jetzt! Beginne jetzt sofort mit der Fristenkürzung und staune, wie deine 24 Stunden auf einmal aussehen.

„Wow! So langsam frage ich mich, ob es sich hierbei nicht eher um ein Zauberbuch handelt. Wir haben auf einmal so viel neue Zeit! Ich weiß gar nicht wohin damit!"

Deklaration: Lege deine rechte Hand auf dein Herz und sage:
„Ich verspreche hiermit, dass ich meine Fristen von nun an kürzer setze, meine volle Energie in die Erledigung der Aufgaben stecke und mir hinterher zur Belohnung mit meinem Marv meine Lieblingsserie gönne!"

Berühre deinen Kopf und sage:
„Mein faules Monster kann mich mal!"

P.S. Was nun folgt, ist eine kleine Anekdote aus meinem Leben. In dieser erzähle ich dir, wie ich mit Hilfe dieser Fristen-Technik meine letzte Endprüfungsphase in verschiedenen Ländern und Städten verbringen konnte, ohne eine einzige Wiederholungsprüfung.

ANEKDOTEN-BOX

Es ist der 1.Mai 2017 in Bratislava. Zwar ist es ein Montag doch gilt in der Slowakei der „Tag der Arbeit" als ein Feiertag. Mein Lernbuddy Sarah und ich sitzen in meinem Zimmer ratlos vor dem Kalender und suchen nach einem Weg, die 3 kommenden Endprüfungen unter einen Hut zu bekommen. Anatomie, Biologie und Chemie standen auf dem Programm. Prüfungszeit: 29.05 bis 07.07. Jedes Department hatte bereits seine Prüfungstermine veröffentlicht, sodass wir uns schon jetzt an die Prüfungsvorbereitungen machen konnten.

Mein Plan: Lass uns Biologie am 29.05 schreiben, Anatomie 3 Wochen später und Chemie 10 Tage später! „Sind 3 Wochen für die komplette Anatomie nicht zu knapp? Wozu brauchen wir 4 Wochen für Bio? Lass uns doch PreTerm Biologie schreiben!" Sarah, in der Woche haben wir Sezierwoche von morgens bis nachmittags. In dieser Woche müssen wir bis Freitag alle Organe, Nerven und Blutgefäße draufhaben. Ist das nicht ein wenig knapp mit Bio?" „Wozu haben wir 3 Versuche? Wenn wir bis dahin in Bio schon alles draufhaben und wirklich durchfallen, brauchen wir nur noch Stoff ergänzen, können uns trotzdem auf Anatomie konzentrieren und haben dafür mehr als 4 Wochen! Du sagst doch selber immer, dass kurze Fristen machbar sind!" Gesagt getan.

Das Ergebnis aller Prüfungen und der Sezierwoche? Wir haben alles beim ersten Versuch erfolgreich bestanden UND zwischendurch 3 Wochen daheim verbracht mit einem Besuch in Leipzig. Coldplay war in der Stadt. Das konnten wir uns nicht entgehen lassen! Eine Lerngruppe die sich krasse Ziele setzt verdient auch eine krasse Belohnung! Besser kann man doch gar nicht in den Sommer starten, oder?

Was will ich dir mit dieser Geschichte verdeutlichen? Manchmal ist man einfach nur blind für die eigenen Wege. Das ist völlig normal. Auch der freundlichste Professor verliert mal die Geduld und auch ein Jochen Schweizer vergisst seine eigenen Grundsätze. Das Wichtigste hierbei ist es einfach nur, nach dem Fehler weiter nach seinem Prinzip zu handeln.

Dank Sarah haben wir unser Ding durchgezogen. Die Leute die es unrealistisch fanden staunten nicht schlecht, als wir mit einem fetten Grinsen aus der Prüfung kamen! Auch unsere kleinen Monster waren nach langen Lernwochen froh, als sich jeder von uns in den Urlaub verabschiedete.

Dein Kalender, mein Kalender

Nenne mich altmodisch, doch direkt neben meinem Schreibtisch hängt ein großer Kalender. In diesem befinden sich all meine Prüfungstermine, Präsentationsdaten und Semesterarbeitsabgabetermine.

„Warum nutzt du nicht wie jeder normale Mensch heutzutage eine App dafür?" Kleiner Marv, du musst noch viel lernen…

Jeder vollendete Tag wird von mir im Kalender durchgestrichen. Alle erledigten Aufgaben bekommen einen Haken und die noch anstehenden Termine rücken Stück für Stück näher. Ohne meinen Kalender wäre ich verloren! Die Grundlage aller Vorbereitung ist in ihm verankert. Welche Art von Kalender nutzt du?

„Ausreden zu suchen ist nichts anderes als dein Potential zu belügen." – Robert Gladitz

---

Solltest du noch keinen eigenen Kalender besitzen, der viel Platz für Notizen pro Tag bereithält, dann besorge dir so schnell wie möglich ein ordentliches Model oder gestalte ihn dir selbst.

Der nächste Schritt ist einfach! Hänge ihn dir genau dort auf, wo du in deiner Wohnung am häufigsten vorbeiläufst bzw. arbeitest. Bei mir ist es mein Schreibtisch. Nicht nur, dass ich ihn dort am besten sehen kann. Dein kleiner Marv kommt nun nicht in die Verlegenheit, dir den Kalender wegzuschnappen oder zu verstecken!

„Du musst mir aber auch jeden Spaß nehmen, oder?"

Nun machen wir uns an die Aufteilung der einzelnen Felder. Mein Kalender enthält pro Tag 5 freie Spalten für die 5 wichtigsten Aufgaben des Tages. Die erste Spalte mit Priorität A und nach rechts verlaufend immer niedrigeren Prioritäten. Genauso sollte dein Kalender aussehen.

Jeder Tag im Kalender sollte in 3-5 gleichgroße Felder unterteilt sein. Von links nach rechts mit sinkender Priorität. Hast du vielleicht die Endprüfung in Anatomie vor dir, dann gib jedem Tag eine bestimmte Anzahl von Themen zum Lernen. Schreibe die Nummern der Themen in die dazugehörige Spalte.

Schreibe jetzt all deine zukünftigen Prüfungs- und Abgabetermine in die freien Felder des dazugehörigen Tages. Hebe Sie mit einem Rotstift ordentlich hervor und staune über das finale Ergebnis!

Wachst du nun am nächsten Morgen auf, reicht ein Blick auf den Kalender, um die heutigen Aufgaben zu sichten und loszulegen! Jede erfüllte Aufgabe kannst du im Kalender wegstreichen. Stück für Stück von links nach rechts.

Am Ende des Tages sollte sich eine gerade Linie durch den Tag ziehen. Hierbei kann der Kalender am Ende aussehen wie auf einem Schlachtfeld, doch auch dir wird er irgendwann sehr am Herzen liegen.

Ein Blick genügt um:

- deine heutigen Aufgaben einzusehen
- dich mit mehr und mehr gestrichenen Tagen unter Druck zu setzen
- das Chaos aus deinem Kopf auf den Kalender zu verbannen.

Worauf wartest du noch? Ich persönliche würde nicht warten, bis mich der kleine Marv zur Aktivität bewegt. Das wird wohl nie passieren. Nimm das Steuer selbst in die Hand und los geht's!

Deklaration: Lege deine rechte Hand auf dein Herz und sage:

„Ich verspreche hiermit, dass ich von nun an meinen Kalender hege und pflege und ihn als Orientierungshilfe meiner nächsten Aufgaben und Termine nutze. Mein kleiner Marv wird mich nicht daran hindern!"

Berühre deinen Kopf und sage:
„Mein faules Monster kann mich mal!"

P.S. Auf der nächsten Seite gebe ich dir eine Vorlage, damit du deinen Kalender selbstgestalten kannst.

KALENDERMONAT _____

JAHR 20__

TAG\PRIO	A	B	C	D
1.				
2.				
3.				
4.				
5.				
6.				
7.				
8.				
9.				
10.				
11.				
12.				
13.				
14.				
15.				
16.				
17.				
18.				
19.				
20.				
21.				
22.				
23.				
24.				
25.				
26.				
27.				
28.				
29.				
30.				

Hemmfaktoren beseitigen

Nun hast du unzählige Vorbereitungen getroffen, um deinem Monster einen Denkzettel zu verpassen.

Du hast all deine Ziele formuliert und notiert, deine Aufgaben gut sichtbar aufgehängt und Ordnung ins Chaos gebracht. Jetzt kann es endlich losgehen mit der Aufgabenbewältigung.

Buch aufgeschlagen, 10 Zeilen gelesen und dann *ring ring*. Du schaust auf dein Handy und musst entsetzt feststellen: Mutti ruft an. „Auch wenn ich das nur ungern sage, aber du solltest da jetzt rangehen. Du hast schon die letzten 7 Male klingeln lassen und bist nicht rangegangen. Ein achtes Mal wird Mutti dir nicht verzeihen!" Du hast ja recht kleiner Marv. Widerwillig greifst du zum Hörer und nimmst ab.

Nach 30 Minuten Telefonat mit ihr und hunderten von Versicherungen, dass du auch genug isst und es in der Uni super läuft, legst du auf. Du blickst auf den Schreibtisch und musst feststellen: Ich bin noch kein Stück weitergekommen! Jetzt aber los!

Du schnappst dir dein Buch, stellst dein Handy auf stumm und beginnst. 20 Zeilen weitergekommen setzt sich auf einmal eine Fliege auf deine Hand.

„Nein jetzt bloß nicht ablenken lassen! Ich muss weiterkommen! Wobei ich mich schon immer gefragt habe wie es Fliegen schaffen rückwärts zu fliegen! Oder waren es doch irgendwelche Vögel?! Da fällt mir ein, ich müsste

Oma mal wieder besuchen und schauen ob es ihr und ihrem Vogel gut geht." Halt!

Habe ich dich erwischt! Schon wieder bist du von deiner Aufgabe abgewichen und hast alles getan, außer das, was du solltest. Und der Grund: eine Fliege! Das muss aufhören, sonst sitzt du Weihnachten immer noch vor derselben Seite.

„Etwas Unwichtiges wird auch dadurch, dass man es erledigt nicht etwas Wichtiges." – Brian Tracy

Was lernst du aus der kleinen Geschichte? Es reicht eine Fliege aus, um deine Aufmerksamkeit umzulenken. Du bist in solcher Situation nicht besser als ein Hund, der alle seine Tätigkeiten unterbricht, sobald eine Katze vorbeiläuft. Alles dreht sich von nun an nur noch um die Katze, so wie es sich bei dir und deinem Monster um die Fliege dreht. Um das zu verhindern gibt es einen ganz einfachen Trick.

Kümmere dich vorher darum dass alle Störfaktoren aus deiner Umgebung entfernt werden. Bist du smartphone-süchtig? Dann stelle alle deine technischen Geräte in den Flugzeugmodus und verbanne sie aus deinem Sichtbereich oder am Besten in ein anderes Zimmer. Als nächstes lüftest du dein Zimmer ausreichend, bevor du die nächste Lernphase beginnst. Nun schließt du es, sodass dich kein

Lärm oder Insekten bei der Arbeit stören. Alternativ dazu kannst du dir auch ein Insektengitter besorgen.

Kaust du während der Lernphase aus Stress gerne auf deinen Fingernägeln rum? Dann ziehe dir Handschuhe an oder kaufe dir einen eigens dafür produzierten Lack, der dich vor dem Kauen abschreckt!

Du siehst, fast jede Art von Störfaktoren kann beseitigt werden. Wenn du Mutti natürlich weiterhin ignorierst, wird Sie irgendwann in deiner Tür stehen und dann gibt es kein Endrinnen mehr. Das willst du doch nicht, oder?

„Um Gottes willen! Albtraum Nummer 1 für uns!" Denk an meine Worte und habe immer im Kopf: „Mütter wissen alles." *muhahaha*

Deklaration: Lege deine rechte Hand auf dein Herz und sage:
„Ich verspreche hiermit, dass ich von nun an vor der Arbeit alle Störfaktoren beseitige und mich so niemand beim Lernen stören kann. Auch du nicht Marv!!"

Berühre deinen Kopf und sage:
„Mein faules Monster kann mich mal!"

P.S. Auf der nächsten Seite findest du eine interessante Grafik über Studenten und ihre Mütter.

Was meine Mutter denkt, wenn ich nicht ans Telefon gehe

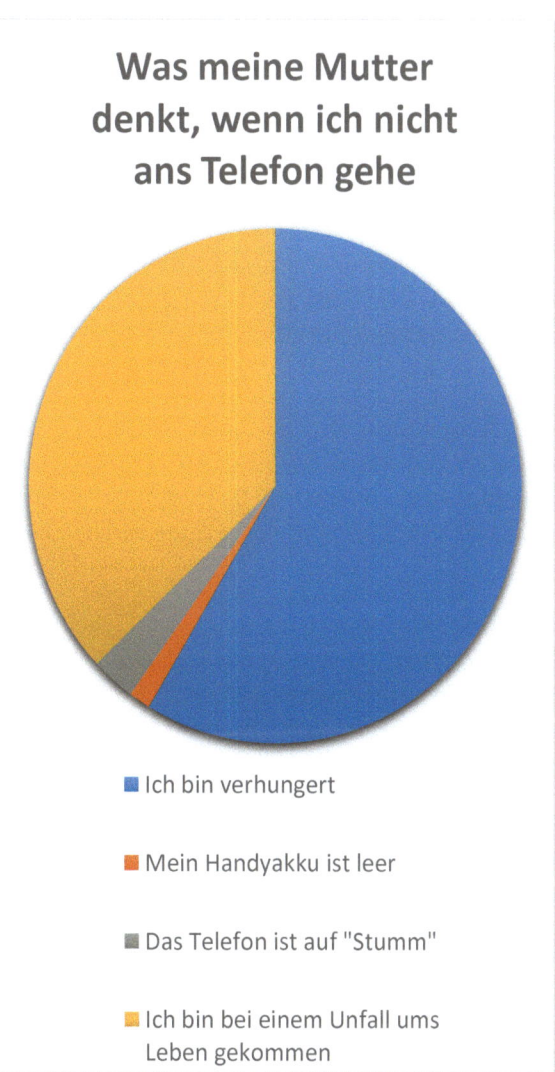

■ Ich bin verhungert

■ Mein Handyakku ist leer

■ Das Telefon ist auf "Stumm"

■ Ich bin bei einem Unfall ums Leben gekommen

Dein PTS – Place to Study

Wo lernst und arbeitest du am liebsten? In der Bibliothek, im Bett, am Schreibtisch oder doch in der Badewanne? „In der Badewanne??" Kein Quatsch! In der Badewanne!

Ich kenne Kommilitonen, die lernen am effektivsten in der leeren Badewanne. Sie assoziieren diesen Ort mit Wohlgefühl und Ruhe und können ihre geistige Kraft dort vollständig entfalten.

Ganz egal wie abstrus der Ort auch ist, den du gewählt hast! Die Hauptsache ist, dass es dich in deinem Tun ein großes Stück nach vorne bringt. Da kann es dir auch egal sein, was dein Monster und andere Leute darüber denken.

Liebst du die Ruhe? Dann lerne zuhause am Schreibtisch in deinem Zimmer. Brauchst du Bewegung und Trubel um dich herum, dann erwäge einen Besuch der Bibliothek oder eine Bank im nächstliegenden Park. Vorsicht: Lerne niemals im Bett!

Ich weiß das es total bequem und entspannt ist, seine Bücher mit ins Bett zu nehmen. Wenn es nach dem kleinen Frechdachs geht, könntest du den ganzen Tag darin liegen bleiben. Für dich, als produktives Köpfchen, kann es aber zu einem ziemlichen Hindernis werden. Deine Freizeit aktiv mit deiner Arbeit zu verbinden war noch nie eine gute Idee!

Dein Bett ist und bleibt Heiligtum für Schlaf und Sex. Alles andere sollte woanders hin verschoben werden! Verbindest du Arbeit und Freizeit dennoch miteinander, verlierst du ziemlich bald deine Motivation am Abend. Folgen wie Schlaflosigkeit oder Albträume sind nur ein paar der entstehenden Probleme.

Dein Gehirn nur darauf zu programmieren, im Bett etwas erledigen zu müssen, ist ein großer Fehler. Jeden Abend, wenn du dich schlafen legen willst, schreit dein Kopf nach Arbeit und will einfach keine Ruhe geben. Du wälzt dich unruhig im Bett und dein kleines Monster macht sich ganz klein, damit es keinen Ärger bekommt!

„Vision braucht Aktion." – Robert Gladitz

Es gibt unterschiedlichste Möglichkeiten, das Arbeiten und Lernen so angenehm wie nur möglich zu gestalten. Setze dich zum Beispiel auf einen Stuhl und leg ein Kissen unter deinen Hintern! Du kannst auch dein Arbeitsumfeld auf den weichen Teppich verfrachten. Ganz egal wie skurril dein PTS auch sein mag. Dein Gehirn wird dir dankbar sein.

Dein Körper wird es dir danken und nach einem langen Tag voller Stress wirst du den Schlaf viel schneller finden.

Du wirst deine besten PTS nie kennen, wenn du dich nicht überall mal ausprobiert hast! Gehe doch für die nächste Stundenaufarbeitung mal in die Bibliothek oder in die Badewanne. Klar, das ist ein ungewohntes und komisches Gefühl. Doch wer weiß? Vielleicht entdeckst du deinen neuen Working Place ja in der Küche oder auf dem Dach!

Da kannst du gleich die vielleicht vorhandene Höhenangst deines Monsters beseitigen. Natürlich alles nur auf eigene Gefahr und wenn genug Sicherheit vorhanden ist. „Wehe du schleppst mich aufs Dach!" Glaub mir, du ahnst gar nicht, was dich alles noch so Faszinierendes erwartet!

Teste die unterschiedlichsten Orte aus. Wenn du dann deinen Favoriten gefunden hast, bleib ihm treu! Lass dir nicht von deinen Freunden, Kommilitonen oder deinem Marv reinreden bzw. dich umstimmen. Nur um beim Lernen nebeneinander zu sitzen, willst du deine Leistungen aufs Spiel setzen?

Es gibt andere Wege, gemeinsam den Stoff durchzusprechen. Zuallererst ist wichtig, dass du deine Umgebung deinen Leistungen anpasst. Alles andere kommt schon noch von ganz allein. „Aber..." Kein aber! Tue es jetzt!

Deklaration: Lege deine rechte Hand auf dein Herz und sage:

„Ich verspreche hiermit, dass ich mich von nun an auf die Suche nach meinem perfekten PTS mache und nicht ruhen werde, bis ich ihn gefunden habe. Auch nicht du, Marv, kannst mich davon abhalten!"

Berühre deinen Kopf und sage:
„Mein faules Monster kann mich mal!"

P.S. Da wir uns gerade mit ein paar spannenden Lernorten beschäftigt haben, wie wäre es mit einer Partie „Stadt, Land, Film"? Auf der nächsten Seite findest du eine Vorlage zum Selbstausfüllen! Mein Rekord liegt bei 18 Sekunden. Kannst du ihn schlagen?

Buchstabe	Stadt	Land	Film	Tier	Beruf	Name
N						
I						
L						
R						
E						
B						

56

Ordnung ist das halbe Leben

Nachdem wir bereits Ordnung in dein Ziel- und Aufgabenchaos gebracht haben, wird es nun Zeit den Räumungsprozess einzuleiten. Lass uns aber zu Beginn noch einmal über deine bisherigen Ergebnisse sprechen. Dank der bisherigen Ordnungstipps ist dir nun ein schnelleres Abrufen und Erledigen deiner offenen Aufgaben möglich.

Damit wir die Komplettreinigung aber auch gewissenhaft zu Ende bringen können, müssen wir ALLE Orte in deiner Umgebung in Ordnung bringen. Auch hier muss ein Chaos beseitigt werden und das, so schnell wie möglich!

Werfen wir doch zuerst einen Blick auf deinen Schreibtisch. Ist alles, was sich auf ihm befindet zum Lernen wirklich notwendig oder findest du Störfaktoren? Müll, einen Schokoriegel oder gar eine dieser hässlichen Winkekatzen? Weg damit!

„NEIN!! NICHT MEINE LIEBSTE WINKEKATZE!" Oh doch kleines Monster. Auch die muss ihrem Platz weichen!

Du willst hier schließlich nicht den Preis zum schönsten Schreibtisch Deutschlands gewinnen, oder? Alles Wichtige behält seinen Platz. Nun kannst du den kompletten Tisch nutzen, um deiner Aktivität freien Lauf zu lassen.

Dein Marv wird die Ordnung hassen und schnell wieder für eine andere Situation sorgen. Um sich dem entgegenzustellen, solltest du deinen Schreibtisch so verlassen, wie du ihn vorgefunden hast! Auf die 2 Minuten kommt es nun auch nicht mehr an.

Dein Gehirn liebt die neue Ordnung! Zeig mir dein Zimmer und ich sage dir wer du bist.

Wenden wir uns nun vom aufgeräumten Schreibtisch ab und fokussieren uns auf den Rest des Raumes. Im Bücherregal stapeln sich Sammlungen unabgehefteter Blätter vergangener Zeit, dein Kleiderschrank lässt sich nicht mehr richtig schließen, da ein Haufen Dreckwäsche in ihm überquillt. Wenn das Mutti wüsste.

„Tue es jetzt." – ein Optimist

„Aber Ich brauche doch mein geordnetes Chaos um mich herum!" Zu Beginn deiner Lernphase garantiert nicht!

Natürlich entsteht ein kleines Chaos beim Ausarbeiten und Lernen, doch das ist doch vollkommen okay. In dieser Zeit bist du auch in deinem Element. Ansonsten aber sollte in deinem Zimmer eine gewisse Ordnung vorhanden sein.

Warum glaubst du lieben wir es sonst, saubere und aufgeräumte Hotelzimmer zu beziehen und in ihnen zu erwachen? Ganz genau! Entspannung und Stimulierung für Kopf und Geist.

„Boah, du klingst jetzt schon ganz schön wie meine Mutter…" Ja das mag schon sein, aber wenn dich schon deine Mutter nicht zu Ordnung verdonnern konnte, wie soll ich es dann hinbekommen? Ich musste mich selbst Jahre lang disziplinieren, um ein halbwegs aufgeräumtes Zimmer vor zu finden.

Investiere ein paar Stunden für eine gewisse Ordnung in deinem Zimmer und du investierst in eine erfolgreichere Zukunft!

Zudem an alle Herren: Welche Dame staunt nicht beim ersten Besuch über ein aufgeräumtes Zimmer?

Deklaration: Lege deine rechte Hand auf dein Herz und sage:
„Ich verspreche hiermit, dass ich von nun an meinen Schreibtisch immer ordentlich verlasse und in mein Zimmer eine gewisse Ordnung an den Tag lege. Daran kann mich auch mein Marv nicht hindern!"

Berühre deinen Kopf und sage:
„Mein faules Monster kann mich mal!"

P.S. Auf der nächsten Seite findest du ein paar Zitate zum Thema: Ordnung. Lese Sie so oft, bis du dich zur Ablenkung mit deinem eigenen Zimmer beschäftigst! Strafe muss sein!

>> Ordnung ist die Verbindung des Vielen nach einer Regel. <<
Immanuel Kant

>> Vom höchsten Ordnungssinn ist es nur ein Schritt zu Pedanterie. <<
Christian Morgenstern

>> Ordnung machen ist nicht schwer,
Ordnung halten aber sehr. <<
deutsches Sprichwort

>> Wer die Welt in Ordnung bringen will, gehe zuerst durchs eigene Haus. <<
Chinesische Redewendung

>> Ein jedes Ding an seinem Ort,
erspart viel Zeit und böses Wort. <<
deutsches Sprichwort

>> Von allzu vielen Zitaten,
kommt er wieder hoch der Braten. <<
Marv

Learning Methods

Du merkst, wir befinden uns mitten im Prozess der Aufgabenerfüllung. Nun geht es an die Ausführung! Meine Frage daher: Was für ein Lerntyp bist du?

„Boah, da gibt es doch hunderte von Lernarten und -typen. Mal so mal so denke ich. Aus Trotz starre ich manchmal so lange das Buch an, bis das Wissen freiwillig in meinen Kopf überspringt. Diese Methode kann ich leider nicht empfehlen." Sag bloß?!

Ich weiß, wie es um die Vielzahl von Lerntechniken und -typen steht. Doch ist es hier genau wie beim PTS. „Wer sich nicht probiert kann auch nie wissen, welche Methode für einen am besten ist." Ein Beispiel, wie man es nicht angehen sollte, bin ich.

Jahrelang dachte ich, dass mir das laute Vorlesen von Lernstoff am meisten beim Lernen hilft und ich die beste Lernmethode bereits gefunden habe. Komisch nur, dass meine Noten etwas anderes sagten. Irgendwann kaufte ich mir ein Buch mit dem Titel „50 Merktechniken von Merkweltmeister". Fazit? Ich kenne nun Unmengen toller Lernmethoden, doch kaum eine war für mich geschaffen…

Irgendwann beobachtete ich einen Freund dabei, wie er ständig mit seinen Karteikarten vor meiner Nase rumfuchtelte. „So ein Quatsch" sagte der kleine Marv. „Viel zu viel Aufwand für eine Klausur…". Ich könnte mich heute noch dafür ohrfeigen, auf das kleine Monster gehört zu haben. Kurze Zeit später probierte ich mich in dieser Lernweise und zack.

Meine Noten wurden um ein Vielfaches besser und auch meine Motivation stieg immer schneller. Nicht nur die guten Noten waren es, dich mich motivierten. Auch nach jeder erfolgreichen Klausur meine Karteikarten brennen oder in die Tonne fliegen zu sehen! Was für ein tolles Gefühl!

„Oooohja! Das glaube ich dir sofort! Lernstoff in Verbindung mit Feuer ist immer eine gute Mischung!"

„Wenn jemand es bisher geschafft hat, kannst du es auch schaffen." – Robert Gladitz

---

Und genauso solltest du vorgehen! Sei nicht blind für neue Methoden und probiere dich aus. Was ist das Worst-Case-Szenario was dir schon passieren könnte?

Richtig! Dir gefällt die Methode nicht und du wählst eine Neue! Zur Not kannst du immer noch auf deine alte Variante umschwenken. Wer nicht wagt, der nicht gewinnt. Doch wer nicht anfängt zu wagen, hat schon verloren. Auf geht's!

Deklaration: Lege deine rechte Hand auf dein Herz und sage:

„Ich verspreche hiermit, dass ich mich von nun an durch sämtliche Lernmethoden probiere und nicht eher Ruhe gebe, bis ich meinen geheimen Gral gefunden habe. Sollte mich mein Marv bei der Suche aufhalten wollen, zeige ich ihm, was eine Harke ist!"

Berühre deinen Kopf und sage:
„Mein faules Monster kann mich mal!"

P.S. Auf der nächsten Seite habe ich ein kleines Gehirnjogging für dich vorbereitet. Du hast genau 2 Minuten Zeit, dir die Begriffe im oberen Feld zu merken. Nach Ablauf der Zeit verdecke die Wortliste und beginne alle Begriffe aus deinem Gedächtnis wiederzugeben. Auch hierfür hast du genau 2 Minuten Zeit. Wie viel schaffst du? Mein Rekord liegt bei 25.

Darm	Wecker	Ofen	Schuh
Haut	Vase	Koffer	Uhr
Dank	Nuss	Pizza	Stiefel
Gift	Mast	Fisch	Mahl
Olive	Bär	Bild	Steg
Baum	Angel	Heizer	Schrank
TV	Bügel	Buch	Wind
Klug	Hecht	Gabe	Sehen
Nase	Ziel	Bürste	Dusche

___	___	___	___
___	___	___	___
___	___	___	___
___	___	___	___
___	___	___	___
___	___	___	___
___	___	___	___
___	___	___	___
___	___	___	___

Das Timing muss stimmen

In meiner Zeit auf dem Gymi galt ich als großer Fan unserer Chemie- und Biologiestunden. Nicht unbedingt, weil ich den Stoff so interessant fand, sondern vielmehr, weil unsere Lehrerin Frau S. einfach eine einzigartige Lehrerin war. Ob im positiven oder negativen Sinne? Wer weiß?!

„Boah diese Cliffhanger nerven schon ein wenig!" Findest du? Also mir gefallen Sie.

„Du weißt ja auch, wie die Geschichten ausgehen!" Das ist absolut korrekt!

Sie lehrte uns, was Lernen und Disziplin bedeutet. Mit viel Strenge, aber für jede noch so verrückte Schandtat bereit. Eines Tages, wir hatten freitags 9:30 Uhr Biologie, schaltete Sie zu Beginn der Stunde den Polylux ein, das Deckenlicht aus und legte eine Grafik auf die Gerätschaft.

„So meine lieben Schüler", so begann sie meist ihre Sätze, „ab heute gibt es keine Ausreden mehr! Ich habe hier eine tolle Grafik gefunden. Sie besagt, dass die Aufmerksamkeit und Aufnahmekraft des Körpers um 10.00 Uhr vormittags seinen Höhepunkt erreicht! Was bedeutet das für uns? Wir werden viel Spaß zusammen im Fach Biologie haben. Beginnen wir doch den heutigen fantastischen Tag mit einer mündlichen Leistungskontrolle. Marvin, du sehnst dich doch richtig danach, nach vorne zukommen oder?" Und wie Frau S. … und wie…

Mein kleines Monster Marv und ich gingen nach vorne und wir legte eine, unserer Meinung nach, nie dagewesene Glanzleistung an den Tag! Marv applaudierte schon als Frau S. mich unterbrach und von hinten rief.

„Das war wohl nichts Marvin. Ist wohl nicht deine Zeit heute Morgen." Naja Frau S., es ist ja auch erst kurz vor zehn und nicht Punkt um!

Mit einem Lächeln auf den Lippen schrieb Sie mir ins Klassenbuch ein 07 Punkte ein. #DankeFrauS

„Spring, dann wird das Netz auftauchen." – Brian Tracy

Diesen Fehler sollte ich nicht noch einmal machen...

Was sollst du aus dieser kleinen Geschichte nun mitnehmen? Studien zu Folge liegt tatsächlich, und ich habe es mehrfach überprüft, unsere Aufmerksamkeitsspanne um 10.00 Uhr vormittags an seinem Höhepunkt. Du hast vielleicht schon einmal festgestellt, dass du vormittags weit aus produktiver warst als nachmittags? Falls du um diese Zeit bereits wach warst...

Genau diesen Fakt mache ich mir in der vorlesungsfreien Prüfungszeit gerne zu nutze. Ich stehe bereits 5:30 auf und beginne mit dem Lernen.

„Bist du irre? 5:30 Uhr???" Irre auf keinen Fall, vielleicht aber ein bisschen bekloppt ja.

Das hat mehrere Vorteile. Kaum jemand ist um diese Uhrzeit bereits wach und kann etwas von dir wollen. Du hast einen Großteil deiner Tagesaufgaben bereits erledigt, bevor deine Freunde und Kommilitonen überhaupt aufgestanden sind. Deine Lernphase endet am späten Nachmittag bzw. frühen Abend und du kannst deinem Monster und dir noch ein wenig Sonne oder Ruhe gönnen. Du hast Zeit, dich mit Freunden zu Treffen oder einfach zu schlafen, bevor es am nächsten Morgen wieder um 5.30 Uhr losgeht.

Jeder von uns ist ein anderer Lernzeittyp. Und das ist auch gut so! Nun gilt für dich natürlich auch hier wieder: Probiere dich aus. Trete dem 5:30 Club bei oder arbeite den ganzen Abend durch. Egal welche Zeit du wählst. Mach es einfach!

Deklaration: Lege deine rechte Hand auf dein Herz und sage:

„Ich verspreche hiermit, dass ich meine produktivste Zeit des Tages finden werde und meinen Lernplan danach auslege. Ist mein Marv einmal zu müde dafür, kommt die kalte Dusche zum Einsatz!"

Berühre deinen Kopf und sage:
„Mein faules Monster kann mich mal!"

P.S. Auf der nächsten Seite habe ich dir den 2. Teil von alltäglichen Studentensituationen dagelassen

Eben war in der Uni Feueralarm und alle blieben einfach sitzen.

Du merkst, dass Klausurenphase ist, wenn verbrennen eine Alternative ist, über die du ernsthaft nachdenkst.

Es gibt 2 Arten von Studenten in den Klausuren:

1. „Oh nein, nur noch 30 Minuten. Ich muss schneller schreiben!"

2. „Wenn ich jetzt abgebe, kann ich eine Tram früher nach Hause."

Wie man einen Studenten zu einer Party überredet:

„Komm mit auf die Party."
„Kann nicht, habe morgen früh Vorlesung"
„Komm mit auf die Party!"
„Ok."

Zusammenfassungen/Teamwork

Was machst du am besten ein paar Tage vor der großen Prüfung? „Mich weinend und voller Pessimismus betrinken!" Sag mal du musst doch selbst merken, dass deine Antworten kaum zu etwas beitragen oder?

Nein. Du beginnst dein gelerntes Wissen aktiv zu wiederholen! Auch hier kommt es auf wieder die richtige Technik an.

„Spießer!" Ich sag dir eins. Wenn ich jetzt reinhaue und mich mal nicht gleich betrinke, habe ich gute Chancen die nächste Prüfung erfolgreich hinter mich zu bringen. Danach haben wir beide genug Zeit uns die Kante zu geben!

„Okay. Akzeptiert!"

Stelle dir zu Beginn folgende Fragen:

Bist du ein Einzelkämpfer oder ein Lerngruppentyp? Hast du den anderen Lerntyp mal ausprobiert?

Ich war Jahre lang Einzelkämpfer, wenn es um das Wiederholen von Dingen ging. Lange saß ich vor meinem Schreibtisch und ließ mich schnell von jeder noch so kleinen Kleinigkeit ablenken. Irgendwann ging die Motivation flöten und ich beschäftigte mich lieber mit wichtigeren Dingen wie Netflix oder Facebook.

Mit Beginn des Studiums wurde es Zeit, seine Kommilitonen besser kennenzulernen und Freundschaften zu schließen. Ich lernte schnell neue Leute kennen, die schon bald mehr für mich wurden als bloße Kommilitonen.

„Wie süß. Der kleine Marvin hat Freunde gefunden…!"
Rührende Geschichte, oder?

---

*„Die 4-5 Leute mit denen du dich umgibst, prägen
deinen Charakter." – Thaddeus Koroma*

Der kleine aber feine Unterschied zwischen Universität
und Schule ist, dass in der Uni Unmengen an gleichgesinn-
ten Studenten rumlaufen. Vergleichbar mit einem Kon-
zert. Tausende von Leuten sind versammelt, die unterschiedlicher nicht sein könnten. Eines aber verbindet Sie
alle: die Musik. Man fühlt ein unsichtbares Band quer
durch die Reihen laufen.

Genauso ist es auch in der Uni. Uns verbindet eine Studi-
enrichtung und das selbe Interesse daran. Wir sitzen alle
in einem Boot. Ziemlich schnell durfte ein jeder von uns
diese Ausgangssituation feststellen, als die ersten Tests
anstanden. Sie waren eindeutig nicht mehr so leicht wie
auf dem Gymnasium! Damit will ich nicht behaupten, dass
sie dort unglaublich leicht waren. Aber ein „Anatomie
Test über alle Muskeln samt Ursprung" ist dann doch um
einiges schwerer als ein „Biologie Test über den Aufbau
der Tier- und Pflanzenzelle". Haltet durch liebe Schüler!

Wir taten uns zusammen und bildeten Lerngruppen. Zu
Anfang noch aus 4-5 Leuten bestehend, sortierten sich die
Mitglieder langsam aber sicher aus den unterschiedlichs-

ten Gründen aus. Andere Examenstermine, Einzelkämpfer etc... Jetzt waren wir also nur noch zu zweit. Bei Lerngruppen ist die Quantität egal, wenn die Qualität stimmt.

Vergleiche ich meine Leistung von früher mit heute, sind meine Leistungen rasant in die Höhe gestiegen und es macht richtig Spaß, sich über das erlernte Wissen zu unterhalten.

„Du bist wahrscheinlich einer der Oberstreber!" Es kommt ganz auf die Auslegung der Definition an. Bezieht man diese Aussage auf den typischen Streber: 24/7 nur am Lernen, dann liegst du um weiten falsch. Beziehst du dich aber auf das Erreichen bestimmter Leistungen, dann danke ich dir für das Kompliment. Zum Streber wirst du aber automatisch, wenn du den neuen Stoff aus wirklicher Leidenschaft lernst. Nicht unbedingt zum Lernen, sondern zum Lernstoff. Natürlich musst du deine Leidenschaft für die Fachrichtung erst einmal wiederfinden, falls du diese verloren hast. Ist dieses Feuer erst einmal entfacht, kann dich nichts mehr aufhalten.

Umgibst du dich dann noch mit den richtigen Menschen, die dem gleichen Ziel nachstreben und ein Segen statt ein Fluch für dich bilden, hast du schon gewonnen! Natürlich musst du schauen mit wem du dich umgibst.

Gehe ganz objektiv an die Wahl deiner Lerngruppenmitglieder und wäge Pro und Contra ab. Was bringt dir dein bester Freund in deiner Lerngruppe, wenn dieser über alles und jeden redet, nur nicht über den zu lernenden Stoff. Die Mischung macht es aus!

Ihr sollt natürlich eure Treffen nicht nur dem Stoff widmen und das wars. Findet einen Mix aus Wiederholen des Gelernten, und zwar laut mit Fragen zum Thema, und einer entspannten Atmosphäre, wo auch mal andere Themen erlaubt sind.

Bestellt euch eine Pizza und geht die Wiederholung so an, dass am Ende des Treffens alle Fragen geklärt sind, ihr aber auch einen entspannten Abend zusammen verbracht habt.

Deklaration: Lege deine rechte Hand auf dein Herz und sage:
„Ich verspreche hiermit, dass ich mich in den unterschiedlichen Lerntypen probiere. Wähle ich die Lerngruppe, suche ich mir meine Lerngruppenmitglieder mit Bedacht aus. Mein Marv wird mich dabei nicht aufhalten können!"

Berühre deinen Kopf und sage:
„Mein faules Monster kann mich mal!"

P.S. Auf der nächsten Seite habe ich dir 2 Kästen hinterlegt. In die oberste schreibst du die Vor- und Nachteile deiner jetzigen, in die untere die Vor- und Nachteile deiner Wunschlerngruppe.

Meine jetzige Lerngruppe

Mitglieder:

_____

_____

_____

Pro:

_____

_____

Contra:

_____

_____

Meine Wunsch-Lerngruppe

Mitglieder:

_____

_____

_____

Pro:

_____

_____

Contra:

_____

_____

Ängste bekämpfen

Jeder von uns war oder kommt irgendwann in *die* eine Angstsituation. Die Prüfungsphase steht vor der Tür und du weißt gar nicht, wo du zuerst anfangen sollst... Nach nur ein paar Stunden überfällt dich der Wahnsinn und du bist schon mittags kurz davor, alles hinzuwerfen.

Genau dieses Szenario wiederholt sich Tag für Tag aufs Neue... Warum? Weil wir Angst vor dem Versagen haben und wir uns aus lauter Trotz einen Schuldigen suchen. Sätze wie „Warum mussten wir unbedingt diesen Professor bekommen? Der Andere war viel cooler und nicht so streng." Oder „Warum mache ich das hier überhaupt? Was sind meine Alternativen?" sind keine Seltenheit.

Damit ein für alle Mal Schluss mit diesen Gedanken ist, erkläre ich dir nun, wie du deine und die Ängste deines Monsters beseitigen kannst und auf diese Weise stärker denn je hervorgehst.

Beginnen wir damit, die Angst zu definieren. Wie heißt es doch so schön: „Die Angst zu definieren heißt die Angst zu überwinden".

Nimm dir ein Blatt Papier und beschreibe darauf deine Angst. „Wovor hast du Angst?" und „Was ist der Worst Case der eintreten kann?". Aus Erfahrung wissen du und ich ganz genau, dass das Erwartete immer schlimmer ist, als die Realität. Versuche die Angst zu entlarven, die sich als Optimismus tarnt!

„Das wovor wir uns am Meisten fürchten ist meistens das, was wir am dringendsten Tun müssten." –
Timothy Ferriss

Was nun folgt, sind die 7 Fragen zur Angstbeseitigung. Schreibe zuerst jede auf das Blatt Papier und beantworte Sie dann ausführlich und nacheinander.

1. Was ist dein Albtraum? Wovor hast du Angst?
2. Welche Schritte kannst du unternehmen, um den Schaden so gering wie möglich zu halten, zu beheben oder die Ausgangssituation wiederherzustellen?
3. Welchen Effekt hätte es, wenn einer der wahrscheinlichen Szenarien einträte?
4. Nehmen wir an, dein Albtraum tritt ein. Was tätest du, um dein Leben weiterhin unter Kontrolle zu bekommen?
5. Was schiebst du aus Angst vor dir her?
6. Was investierst du emotional, finanziell und physisch, die Sache vor dir herzuschieben?
7. Worauf wartest du?

Nach Beantwortung dieser Fragen hast du nicht nur deine Angst definiert. Du stellst dich ihr und dürftest spätestens jetzt bemerkt haben, dass die Wirklichkeit gar nicht so schlimm ist. Und wenn doch, dann hast du jetzt immer noch einen Plan B.

Keine Ausreden und Entschuldigungen mehr kleiner Marv. Jetzt oder nie!

Deklaration: Lege deine rechte Hand auf dein Herz und sage:

„Ich verspreche hiermit, dass ich mich jeder meiner Ängste in Zukunft stellen werde. Die Realität ist nie so schlimm wie die Vorstellung. Egal was mir mein Marv für Gruselgeschichten auch erzählt. Ich schließe die Augen, hole tief Luft und stelle mich der Angst!"

Berühre deinen Kopf und sage:
„Mein faules Monster kann mich mal!"

INFOBOX

WENN DU MEHR ÜBER DIESES PRINZIP ERFAHREN WILLST, EMPFEHLE ICH DIR DAS BUCH „DIE 4-STUNDEN-WOCHE" VOM SCHÖPFER TIMOTHY FERRISS.

P.S. Auf der nächsten Seite findest du ein Tortendiagramm, mit den größten Ängsten eines Studenten.

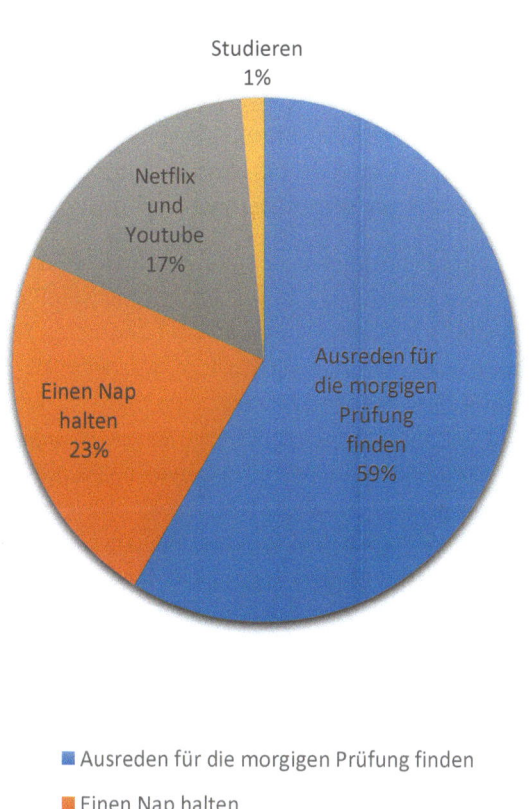

Wie der durchschnittliche Student lernt

Studieren
1%

Netflix und Youtube
17%

Einen Nap halten
23%

Ausreden für die morgigen Prüfung finden
59%

- Ausreden für die morgigen Prüfung finden
- Einen Nap halten
- Netflix und Youtube
- Studieren

Routinen

Was haben Zähneputzen, der tägliche Weg zur Uni und das Essen am Abend gemeinsam? Ganz richtig.

Alles sind Tätigkeiten, die in unserem Gehirn routiniert verankert sind und automatisiert ablaufen. Ohne dass wir groß darüber nachdenken, weiß unser Körper wann und was er tun soll. Ist das nicht faszinierend?

Routinen sind unglaublich interessant und leicht anzutrainieren. Alles, was du dazu brauchst ist Willenskraft und Geduld. Nehmen wir uns ein Beispiel.

Du sitzt abends an deinem Schreitisch und möchtest von nun an jeden Abend die Aufgaben für den nächsten Tag in dein Journal schreiben. Du beginnst auf der ersten Seite und notierst dir alle Wichtigen Dinge. Nachdem du die heutigen Aufzeichnungen beendet hast, nimmst du das Büchlein und legst es genau dorthin, wo du es morgen Abend wiederfindet. Am besten neben dein Bett oder auf deinen Schreibtisch. Zudem stellst du dir einen Wecker für dieselbe Zeit wie heute, wo du in deinem Journal geschrieben hast. Der nächste Tag beginnt. Dir gelingt es alle deine heutigen Ziele umzusetzen und du bist fleißig am Abhaken der Aufgaben. Am Abend legst du dich ins Bett willst einschlafen. Doch was liegt da direkt neben dir? Das Büchlein, was nur darauf wartet beschrieben zu werden. „Mhm…vielleicht lieber morgen" ruft dein Monster mit schläfriger Stimme zu dir und du schließt die Augen. *ring ring* Du schnellst auf und blickst auf dein Handy.

JOURNAL SCHREIBEN

„Okay, überzeugt." Du stehst noch einmal auf, schnappst dir das Buch, setzt dich an den Schreibtisch und legst los. 5 Minuten vergehen und du bist fertig mit dem Planen. War doch gar nicht so schwer, oder?

Zufrieden legst du dich ins Bett, das Büchlein neben dich positioniert und den Wecker wieder neugestellt. Nun kann der neue Tag anbrechen und dieses Mal bist du gewarnt. Vor dem Schlafen gehen setzt du dich für 5 Minuten an den Schreibtisch und arbeitest das Büchlein aus.

Geschafft! Neben dem Gefühl der Müdigkeit tritt auf einmal ein Gefühl der Erleichterung und der Freude ein. Alles geschafft für heute und der morgige Tag ist auch geplant. Jetzt kann ich in Ruhe schlafen gehen.

Gute Nacht!

„Alles ist erlernbar." – ein Optimist

So oder so ähnlich wird es wahrscheinlich am Anfang jedem von uns ergehen. Man vergisst schnell das eigentliche Vorhaben oder kann den großen runden Kulleraugen des faulen Monsters nicht wiederstehen.

Wenn man sich dann aber doch zusammenreißt, dann fühlt man sich erfolgreicher denn je! Der größte Feind von Routinen ist der kleine Marv und sein Drang nach Faulheit. Es wird nun langsam Zeit, ihm eine Lektion zu erteilen und den Kriegszustand auszurufen.

Das kleine Monster ist nicht blöd und weiß gegen deine Motivation zu kämpfen. Warum melden sich wohl Anfang des Jahres immer so viele Leute im Fitnessstudio an und nach 30 Tagen sind nur noch knapp 20% ab und zu mal dort? Weil Sie den Kampf gegen ihren eigenen kleinen Marv verloren haben.

Damit dir das nicht passiert, musst du dir dazu ganz einfache Tricks aneignen und Willenskraft aufbauen! Was kann ich tun, wenn der Fiesling mal wieder meine Pläne durchkreuzt?

Verliere die Dinge, die du tun willst, nicht aus dem Auge und trage sie nahe bei dir. Wenn du zum Beispiel von nun an jeden Morgen vor der Uni Joggen gehen willst, stelle die Sportschuhe direkt neben dein Bett. Willst du dein Journal schreiben? Dann stelle dir täglich einen Wecker. Willst du abnehmen? Dann hänge dir einen Zettel an den Kühlschrank mit der Aufschrift „An deiner Stelle würde ich das nicht essen" oder „Du weißt, was du versprochen hast" oder „Was sollen die Anderen denken"?

Ein weiterer effektiver Weg ist es, den Druck auf sich selbst zu erhöhen. Erzähle Freunden und deiner Familie von deinem neuen Vorhaben. Sie werden dich fragen, wie du vorankommst und dich dabei nicht nur mental unterstützen.

Seit ein paar Jahren gibt es auch noch eine andere Möglichkeit, seine Fortschritte mit anderen zu teilen. Richte dir doch einfach mal eine Social Media Seite ein, wo du von deinen Schritten berichtest. So stehst du unter Druck, jedem dein Follower von deinem Vorhaben zu berichten und dich an deinen Plan zu halten.

Nach spätestens 30 Tagen beginnt in deine Tätigkeiten Routine einzutreten. Sie werden zum Alltag. Jetzt aufzuhören wäre einfach dämlich.

Verfolge dein Ziel und trainiere deine Routinen weiter. Wirst du einmal krank und kannst aus bestimmten Gründen für kurze Zeit nicht weitermachen, so denke anschließend an die Fortsetzung. Dein Körper und deine Leistungen werden es dir danken.

Was zu Beginn als Last erschien, gehört nun zu deinem Alltag wie das tägliche Zähneputzen. Ziehe durch und kämpfe! Oder willst du etwa gegen den kleinen Marv in dir verlieren?

„Eh, jetzt bloß nicht frech werden!"

Deklaration: Lege deine rechte Hand auf dein Herz und sage:
„Ich verspreche hiermit, dass ich von nun an alle meine neuen Tätigkeiten und Eigenschaften in Routinen entwickle. Meinem kleinen Marv werde ich zeigen, wo der Hammer hängt!"

Berühre deinen Kopf und sage:
„Mein faules Monster kann mich mal!"

P.S. Auf der nächsten Seite findest du für deine erste Umsetzung eine „Streichbox". Kreuze jeden Tag eines der Kästchen mit Bleistift durch. Erreichst du Kästchen 30, dürfte deine Tätigkeit bereits Routine geworden sein. Vergisst du einen Tag, dein Ziel durchzuziehen, musst du alle Kästchen sauberradieren und von neuen beginnen. Viel Spaß!

1	2	3
4	5	6
7	8	9
10	11	12
13	14	15
16	17	18
19	20	21
22	23	24
25	26	27
28	29	30

Teil 3

Wie du dein Monster wieder top in Form bringst!

Körperhaltung

Unser Gehirn ist das komplexeste Organ des menschlichen Körpers. Kein anderes Organ ist vielschichtiger und unberechenbarer. Dennoch kannst du Lernen, es besser zu verstehen und zu manipulieren!

„Jetzt wird's interessant!"

Zu Beginn möchte ich dir zeigen, wie du deine Emotionen in nur einer Minute bewusst veränderst und so deine Motivation um ein Vielfaches vergrößern kannst. Nehmen wir uns zu Beginn doch einmal 2 Testpersonen als Beispiel vor.

Mensch 1 ist voller Motivation und Freude; Mensch 2 gelangweilt und motivationslos. Ohne diese Vorinformationen hättest du gleiches auch selbst erkennen können. Wie? Mittels Körpersprache der jeweiligen Person!

Körpersprache ist ein indirektes Mittel der Kommunikation. Geht es dem Körper schlecht oder ist er gelangweilt, so zeigt er es uns mit einem gekrümmten Rücken, leicht zugekniffenen Augen und Mundwinkeln, die nach unten zeigen.

Steckt eine Person hingegen voller Freunde und blüht in sich auf, so sieht man ihn mit einer gestreckten Haltung. Der Rücken ist durchgestreckt, die Füße fest am Boden und die Augen weit geöffnet.

„Der Feind ist die Langeweile." - Voltaire

Wie ein Buch kann unser Gehirn auch Menschen lesen. Sehen wir Person 1, assoziiert es seine Haltung mit Freude und Glück. Genau diesen Fakt nehmen wir uns als Grundlage, um deinem Gehirn in Zukunft einen Streich zu spielen. Der Trick: Begib dich in die Körperhaltung der jeweils gewünschten Gefühlslage.

Fühlst du dich gerade gelangweilt und müde, so strecke jetzt deinen Rücken durch, setze dich gerade hin und griene eine Minute durchgängig. Der Körper assoziiert diese Haltung als Freude und Motivation. Schnell wirst du merken, wie gut du dich auf einmal fühlst.

Dein Körper schüttet nun Hormone aus, die dich in die jeweilige Stimmung versetzen. Wenn du gerade in der Uni bist und dir diese Haltung ein wenig zu doof für die Öffentlichkeit erscheint, gehe auf Toilette und strecke dich dort. Interessant, wie schnell man das eigene Gehirn überlisten kann, oder?

Hier noch 2 Bonus-Tipps für dich!

1. Willst du am Morgen gleich mit einem guten Gefühl aus dem Bett steigen, dann griene eine Minute lang die Decke an und schon bist du in deiner gewünschten Gefühlslage!

2. Stehst du vor einer großen Prüfung und willst dich motiviert fühlen, dann nimm die Superheldenstellung ein. Beine auseinander, Brust raus und Fäuste in die Seite gedrückt. Verharre so nun kurze Zeit und du fühlst dich nach ein paar Sekunden, als könne dich niemand mehr stoppen!

Natürlich kann man Körpersprache auch bewusst nutzen, um andere zu beeinflussen. Soll dir dein Prof eine bessere Note geben, dann…

„Was und dann? Was soll ich machen?"

Du glaubst wohl, ich verrate dir alle meine Geheimnisse! Erst wenn du erfahren und reif genug bist, werde ich dir ein paar meiner Tricks verraten, damit auch du demnächst dein Umfeld bewusst manipulieren kannst. Vielleicht im nächsten Buch?!

Deklaration: Lege deine rechte Hand auf dein Herz und sage:

„Ich verspreche hiermit, dass ich von nun an, immer wenn ich einen Power-Schub benötige, meine Körpersprachentricks anwende und so meinem Gehirn einen Streich spiele. Sollte mir mein kleiner Marv einmal auf den Schultern sitzen und mich hindern wollen, werfe ich es mit einem kurzen Schütteln zurück unters Bett!"

Berühre deinen Kopf und sage:
„Mein faules Monster kann mich mal!"

P.S. Auf der nächsten Seite findest du ein kleines Körpersprachen-Quiz. Kannst du alle Fragen richtig beantworten? (Die Lösungen findest du darunter in der Lösungsbox. Decke diese vorher ab, damit dein kleiner Marv nicht heimlich spicken kann)

KÖRPERSPRACHE-QUIZ

1. Du sprichst und dein Zuhörer beginnt mit den Fingern auf der Tischplatte zu trommeln. Das signalisiert?

a) Zustimmung   b) Ablehnung

c) Nervosität   d) Imponiergehabe

2. Dein Gesprächspartner reibt sich die Hände. Das zeigt:

a) Skepsis   b) Ungeduld

c) Zufriedenheit   d) Unzufriedenheit

3. Dein Gesprächspartner lehnt sich während des Gesprächs nach vorne. Das signalisiert:

a) Desinteresse   b) Interesse

c) Nachdenklichkeit   d) Skepsis

LÖSUNGEN

1 – b   2 – c   3 - b

Die kalte Dusche

Bei dieser Überschrift sträuben sich einem doch die Haare, habe ich Recht?

Ja, es ist wirklich nicht die angenehmste Vorstellung; doch auf jeden Fall eine lohnenswerte! Vor allem dann, wenn du zu 50% der morgendlichen Duschenden gehörst.

Natürlich darfst du auch weiterhin abends duschen, doch dann ergibt dieser Tipp keinen Sinn für dich. Du darfst dieses Kapitel gemütlich überspringen und mit dem nächsten weitermachen!

An den Rest, der sich am Morgen etwas länger im Badezimmer aufhält, habe ich folgende Bitte. Duscht doch einfach mal kalt!

Nein, nicht von Beginn an. Am besten dann, wenn ihr fertig und bereit seid, aus der Dusche zu steigen. Dreht langsam Stück für Stück das Wasser etwas kälter. Von Sekunde zu Sekunde wird es unangenehmer, aber auch lohnenswerter!

Doch warum sollst du von nun deinen morgendlichen Badezimmerbesuch mit einer kalten Dusche enden lassen?

„Ja warum? Nicht nur, dass wir uns jetzt schon komplett mental neu organisieren müssen… Jetzt auch noch physisch?"

Ganz einfach. Durch das kalte Wasser wird deine Blutzirkulation angeregt und dein Kreislauf kommt in Schwung. Du wirst schneller wach und kannst so auf deine zweite Tasse Kaffee am Morgen verzichten.

Bist du sowieso ein Frühaufsteher, kannst du gemütlich mehr Zeit im Bad verbringen, ohne andere dabei zu stören. Zu Beginn war ich auch sehr kritisch! „Warum sollte ich mich am Morgen schon etwas unangenehmen widmen?" fragte mich der kleine Marv und schaute mich mit großen Augen an.

„Raus aus der Komfortzone." – ein Macher

Naja du kennst doch sicherlich dieses unangenehme Gefühl aus der Dusche zu steigen und erst einmal eine Gänsehaut zu bekommen, weil die kalte Badezimmerluft auf deiner Haut liegt. Durch die kalte Dusche für ein paar Sekunden am Ende des Duschprozesses, steigst du aus der Wanne wie Gott!

Die Badezimmerluft legt sich angenehm auf deine Haut und wärmt deinen Körper. Kein Frieren mehr nach dem Duschen. Dein kleines Monster muss doch irgendwie wachgerüttelt werden... Wieso nicht mit einer kleinen Kältetherapie?

Deklaration: Lege deine rechte Hand auf dein Herz und sage:

„Ich verspreche hiermit, dass ich von nun an jeden Morgen nach der warmen Dusche, die Temperatur für ein paar Sekunden auf kalt stelle, bevor ich aus der Dusche steige. Es hält mich wach und macht mich fit für den Tag. Mein kleiner Marv wird es schon überleben!"

Berühre deinen Kopf und sage:
„Mein faules Monster kann mich mal!"

P.S. Auf der nächsten Seite findest du meine TOP 10 der besten Songs, um deine lauten Schreie während der kalten Dusche zu übertönen.

TOP 10 SONGS FÜR DIE KALTE DUSCHE

1. Earth Song – Michael Jackson

2. Juliet – Robin Gibb

3. Breathing – Jason Derulo

4. Stayin 'Alive – Bee Gees

5. I Will Always Love You – Whitney Houston

6. Run - Leona Lewis

7. My Heart Will Go On - Celine Dion

8. Domino Dancing – Pet Shop Boys

9. Cherry Cherry Lady – Modern Talking

10. Wild Horses - Birdy

Ernährung

Frühstück ist das A & O (Alpha und Omega) für einen guten Tagesbeginn! Unser Verdauungssystem freut sich, wenn es am Morgen etwas zu tun bekommt und wir erhalten so alle benötigten Nährstoffe für einen optimalen Start.

Beginnen wir mit etwas ganz Simplen, mit dem du deinem Körper sofort etwas Gutes tust. Nimm dir ein großes Glas und fülle es mit Wasser. Dieses sollte am besten Zimmertemperatur besitzen. Vor dem Trinken gibst du nun ein wenig frisch gepressten Zitronensaft hinzu. Zitronen sind billig, sodass sie sich jeder Student leisten kann. Sparfüchse halt!

Wenn du dieses Glas ab sofort jeden Tag direkt nach dem Aufstehen trinkst, tust du deinem Körper auf verschiedene Arten etwas Gutes.

Das Wasser füllt deinen Wasserspeicher wieder auf, da du in der Nacht viel Flüssigkeit ausgeschwitzt oder nach deinem Toilettengang verloren hast. Auf diese Weise kurbelst du deinen Kreislauf wieder an und entfachst langsam aber sicher das Feuer in dir.

Die Zitronen bieten deinem Körper als kleinen Bonus einen Schub von Ascorbinsäure, welche umgangssprachlich auch als Vitamin C bekannt ist. Dieses stärkt dein Immunsytem und wappnet dich für den Tag.

„Bäh! Ich mag aber keine Zitronen!" Alternativ gehen auch andere Zitrusfrüchte oder das reine Wasser. Die Hauptsache ist, dass du deinen Wasserspeicher schon vor dem Aufstehen ein wenig füllst. Nachdem auch das jetzt geklärt ist, schauen wir uns doch dein Frühstück an!

„Arbeite nie vor dem Frühstück.
Musst du vor dem frühstücken arbeiten gehen, iss
erst dein Frühstück." – Josh Billings

Für einen gesunden Start in den Tag empfehle ich dir, viele Proteine und ein paar Kohlenhydrate aufzunehmen. Wie wäre es zum Beispiel mit einem Vollkornbrot mit Lachs und Avocado? Das Brot bietet ausreichend Kohlenhydrate, der Lachs genug Eiweiße und die Avocado ein paar Fette. Wichtig hierbei ist zu erwähnen, dass die Fette in der Avocado keine Dickmacher, sondern nützlich für unseren Körper sind. Klingt doch lecker, oder?

Wenn du mal wieder einen langen Uni- oder Schultag hast und zum Mittag nicht daheim bist, verzichte zur Abwechslung doch mal auf die ölige Pizza aus der Mensa und greif nach deiner, zuvor vorbereiteten, Lunch Box. Für ausreichend Konzentration kannst du dir eine Hand voll Nüsse/Kerne und für den Vitaminhaushalt ein paar Karotten einpacken.

Falls du daheim Mittag isst, achte darauf, dass du zwar genug Nahrung zu dir nimmst, hierbei aber nicht zu viele

Kohlenhydrate. Dein Körper benötigt ansonsten viel Energie zur Verdauung und entzieht diese deiner Konzentration. Du fühlst dich schlaff und träge.

ACHTUNG! Nimm auf jeden Fall ausreichend Nahrung zu dir, damit du deiner Verdauung genug zum Verarbeiten bietest und du alle nötigen Nährstoffe für den Tag bekommst. Zu wenig oder gar nur Schmalkost zu Essen bringt dir herzlich wenig, da sich dein Körper sonst auf Stur stellt und irgendwann kapituliert.

„Esse nicht zu wenig! Esse nicht zu viel! Wie soll ich denn nun Essen??" Finde einen guten Mittelweg. Während der Prüfungszeit lieber zu viel als zu wenig. Du sollst von nun auch nicht auf jede Nährtabelle eines Produktes schauen. Esse das, wovon du glaubst, dass es dir guttut! Wirklich gut tut!

An Apple a day keeps the doctor away! Mittlerweile eine weitverbreitete Redewendung auch bei uns in Deutschland. So ganz ohne Grund wird es diese wohl nicht geben.

Klar ist es quatsch, dass bei einem Apfel am Tag ein lebenslanger Besuch beim Arzt ausfällt, doch es ist ein Anfang, dich jeden Tag daran zu erinnern, was deinem Körper guttut.

Neben Smoothies nimmt man die Vitamine von Apfel und Co. am Besten in der Ursprungsform auf. Direkt vom Baum bzw. aus dem Laden.

Ignorieren wir jetzt mal die chemischen Spritzmethoden, die die perfekten Früchte produzieren und konzentrieren uns einfach auf den Zustand im Allgemeinen. Bei jeder Verarbeitung von Äpfeln in Apfelsaft oder Erdbeeren in einen Smoothie gehen wertvolle Vitamine verloren und andere negative Zusätze kommen hinzu. Sei es Zucker, Aroma oder Farbstoff.

Nimm dir jeden Tag einen Apfel mit zum Unterricht oder iss ihn doch gleich auf dem Weg dorthin. Natürlich kann es auch jede andere Obst- oder Gemüsesorte sein. Doch mit einer Melone in der Hand macht es sich meist nicht so wirklich gut.

„Mhm Melone!" Ja okay, wenn du so ein großer Fan der Melone bist, dann musst du mir aber versprechen, sie richtig zu Essen. Wusstest du, dass die meisten Vitamine der Melone in den Kernen liegen? Kein Quatsch! Wenn du von nun an deine Melone mit Kernen isst und diese auch gut zerkaust, dann hast du nicht nur etwas Gutes für deinen Vitamin- und Wasserhaushalt getan, sondern unterstützt damit deine Verdauung.

Grün ist die Farbe des Giftes! Wer dir das beigebracht hat verdient einen Orden. Fülle mir doch mal das nachfolgende Formular aus:

Ich schätze mal, dass 85% unter Euch am Ende die Farbe Grün angekreuzt haben. Habe ich Recht?

Seit unserer Kindheit wird uns durch Filme, Serien, Bücher und Geschichten erzählt, dass grün gleich böse bedeutet. Ist dir schonmal aufgefallen, dass in Disneyfilmen fast alle Bösewichte mit der Farbe Grün im Hintergrund dargestellt werden? Interessant, nicht wahr?

Dieses Mindset hat auch der kleine Marv. Hier muss ich ihn das erste Mal in Schutz nehmen. Eigentlich kann er gar nichts dafür.

Erbsen – „Ihh!"; Spinat – „Bleib mir bloß weg damit"; Kohl – „würg". Ach Marv…

Um dieses Mindset ein für alle Mal aufzusprengen, probiere dich doch einfach durch. Nur weil es dir damals nicht geschmeckt hat bedeutet es nicht, dass es dir jetzt nicht schmeckt. Würdest du die ganze Welt in Grau sehen, wüsstest du nicht, welche Farbe dein Essen gerade hat und du könntest dich ganz alleine auf den Geschmack konzentrieren. Besorge dir die Lebensmittel, sie müssen nicht unbedingt grün sein, vor denen du von Kindheit an Angst hast und bereite sie gut zu. Schließe beim Essen nun deine Augen und versuche dich komplett auf den Geschmack zu konzentrieren.

Verstecke die Farbe vor deinem kleinen Monster und Schwupps! „Es schmeckt doch gar nicht so übel."

Würde ich dir deinen Burger komplett blau färben, würdest du ihn dann voller Genuss essen? Ich bezweifle es.

Wie du siehst ist es doch gar nicht so schlimm, sich einfach mal durch alte Verhaltensmuster durchzuschlagen und neue Dinge zu probieren.

Gib doch zu, es ist schon ein wenig cool, neue Geschmäcker zu entdecken, oder?

Deklaration: Lege deine rechte Hand auf dein Herz und sage:

„Ich verspreche hiermit, dass ich von nun an jeden Tag mit einem Glas Wasser starte und über den Tag hinweg auf meine Nahrung Acht gebe. Hat dein Marv einmal Hunger auf was Süßes, gibt es einen Apfel statt Schokolade!"

Berühre deinen Kopf und sage:
„Mein faules Monster kann mich mal!"

P.S. Auf der nächsten Seite findest du ein leckeres und gesundes Salat - Rezept!

Marv's Studenten-Salat

Zutaten:

1x Eisbergsalatkopf	3-4 Essl. Olivenöl
3x große Tomaten	1x Salatgurke
2x Paprika	1x Mozzarella
4x Radieschen	2x gekochte Eier

1x Hand voll Sonnenblumenkernen
Salz, Pfeffer
Zitronensaft

Alle Zutaten säubern und kleinschneiden. In einer großen Schüssel sammeln und gut vermischen. Das Olivenöl mit ein paar Spritzer Zitronensaft, Salz und Pfeffer vermischen und extra im Schälchen über den Salat gießen, da er sonst matschig wird. Im Kühlschrank mit Frischhaltefolie nur für kurze Zeit lagern.

Gesund, lecker und idiotensicher!

Sauerstoff

Luft besteht zu 78% aus Stickstoff, 21% aus Sauerstoff und einem Prozent weiterer Stoffe wie Kohlstoffdioxid und Argon. Der wichtigste Bestandteil für unseren Körper ist und bleibt Sauerstoff.

Wir atmen ihn durch Nase tief ein, transportieren ihn in die Lunge und von dort aus direkt weiter ins Blut. Sauerstoff ist Grundvoraussetzung für alle wichtigen Lebensfunktionen. Er erhöht die Energieversorgung unserer Zellen und steigert somit unsere psychische und körperliche Leistungsfähigkeit.

„Mach da weiter wo der Durchschnittsmensch aufhört" – Brian Tracy

Ohne ihn würde unser Blutdruck weniger exakt reguliert werden und eben diese Regulationsprozesse würden langsamer oder gar fehlerhaft ablaufen. Wir reden hier also nicht nur von irgendeinem Stoff, sondern von einem DER Lebensbausteine überhaupt. Umso wichtiger ist es, diese kostenlose Ressource zu nutzen und zu genießen. Dank Mutter Natur wird uns O_2 in ausreichender Menge geliefert.

Hast du gewusst, dass sowohl zu wenig als auch zu viel Sauerstoff uns töten kann? An dieser Stelle also einen dicken Daumen hoch für die Natur, dass sie uns mit der perfekten Prozentzahl an O_2 versorgt!

Klar basiert dieser Tipp nicht auf erst kürzlich entdeckten Erkenntnissen, doch vergessen wir bei all dem Denken die Grundlagen unserer Existenz auszunutzen.

Mach das Fenster auf oder geh eine Runde um den Block. Ganz egal. Hauptsache du gibst deinem Körper genug Sauerstoff, um ihn in positive Energie umzuwandeln. Du glaubst gar nicht, was nur 5 Minuten an der frischen Luft deinem Körper für Heilung verschaffen.

Mit mehr Energie und einem leeren Kopf geht es weiter am Schreibtisch. Sollte die Zeit einmal sehr bemessen sein, vergiss nicht immer mal wieder durchzulüften, um all deine Ressourcen auszunutzen.

Übrigens ist Sauerstoff „pures Gift" für deinen kleinen Marv. Warum hält er sich wohl viel lieber im Bett oder auf der Couch, anstatt an der frischen Luft auf?!

BONUS-TIPP: Lüfte dein Zimmer vor dem Schlafen gehen nochmal ordentlich durch. Nach einem langen produktiven Tag hat sich viel schlechte und warme Luft in deinem Zimmer gesammelt, welche dir das Einschlafen erschweren wird. Mit viel Sauerstoff und einer Zimmertemperatur von 18°C schläft es sich immer noch am besten?

„Ja da kann ich dir nur Recht geben! Ich bin immerhin Experte, wenn es um das Thema Schlaf geht!"

Ja, das bist du kleiner Marv...

> **Deklaration:** Lege deine rechte Hand auf dein Herz und sage:
>
> *„Ich verspreche hiermit, dass ich von nun an auf die Luftqualität in meinem Zimmer achte und bei schlechter Luft regelmäßig mein Fenster öffne oder spazieren gehe! Der kleine Marv muss sich seiner Angst stellen und sich dem Gift aussetzen. Vielleicht merkt er dann, dass das wahre Gift die Zimmerluft ist!"*
>
> Berühre deinen Kopf und sage:
> *„Mein faules Monster kann mich mal!"*

P.S. Auf der nächsten Seite findest du eine Liste meiner TOP 5 Produktivitäts-Apps und Programme. Viel Spaß beim Probieren! Natürlich sind alle davon kostenlos nutzbar!

TOP 5 Produktivitäts-Apps für Schüler & Studenten

1. Meister Task (Planungs-App, auch für Lerngruppen)

2. Evernote (Notizen-App mit vielen Funktionen)

3. Dropbox (Cloudspeicher für online Unterlagen)

4. OpenOffice (kostenlose Alternative zu Microsoft Office)

5. Gimp (kostenlose Alternative zu Photoshop)

Pausen

Es brennt ein Feuer in dir. Ein Feuer voller Motivation und Tatendrang. Mal brennt es höher, mal siehst du es nur ein wenig vor sich hin glühen. Ganz davon abhängig wie die äußeren Gegebenheiten aussehen. Herrscht ein starker Aufwind, der das Feuer am Brennen hält oder eher ein Regentief, welches es an seine Grenzen bringt?

Ganz egal wie es gerade aussieht, irgendwann ist auch das kleinste Feuer abgebrannt. Was also tun, um es wieder zu entfachen? Wir gehen los und besorgen Holz!

„Aktivität ist nicht gleich Produktivität." – Timothy Ferriss

Abgewandt vom Glühen gehen wir in den Wald, fällen Bäume und sammeln Stöcker. Ist unser Rucksack voll, begeben wir uns auf den Heimweg und entzünden das Feuer erneut. Nun brennt es wieder eine gewisse Zeit lang. Mal höher mal tiefer. Bis es irgendwann wieder heruntergebrannt ist und es für uns heißt: Holz besorgen!

Du wirst es bereits erraten haben. Der fiktive Weg in den Wald ist auch auf deine Wirklichkeit übertragbar. Um das Feuer und deine Aufmerksamkeit in dir am Leben zu erhalten, müssen wir uns von diesen ab und zu mal abwenden und anderen Dingen zuwenden. Dies geschieht in den sogenannten Pausen.

Verstehe mich nicht falsch, wenn ich über Pausen spreche. Du solltest weder als Unterbrechung zwischen 2 Kapiteln der Hausarbeit in den Urlaub fliegen, noch ein komplett neues Instrument versuchen zu erlernen. 5 Minuten in einem anderen Raum genügen, um dich wieder auf klare Gedanken zu bringen.

Ich persönlich lerne 20 Minuten mit vollster Konzentration und gönne mir dann immer eine 5 Minuten Pause. An einem 10-Stunden-Lerntag nehmen diese Pausen um die zweieinhalb Stunden ein. Was auf den ersten Blick nach viel verschwendeter Zeit klingt, ist unterm Strich die zeitsparendste und effektivste Methode für deinen erfolgreichen Lerntag.

Versuchst du nämlich ohne Pause durchgängig zu lernen, so stellst du nach einigen Stunden schnell fest, dass deine Energie verbraucht ist und nichts mehr im Schädel hängen bleibt. Dein Gehirn braucht Erholung. Und das dauert…

Am Ende des Tages hast du mit mehreren Pausen viel mehr geschafft, als mit 2 Großen. Nutze deine Pausen zum durchlüften, trinken oder kurzem Augen schließen. Dein kleiner Marv wird dich hassen, da die Häufigkeit der Pausen zu häufig und die Dauer zu kurz für ihn ist, um ein Nickerchen zu halten.

Bist du eher der Typ für Power-Naps? Dann sind auch diese vollkommen in Ordnung, wenn sie nicht allzu lange dauern. Eine Dauer von 20 bis 30 Minuten ist vollkommen ausreichend, um unseren Körper und Kopf freizubekommen und zu entspannen. Wenn du also das nächste Mal einen Power-Nap hältst, dann stelle dir einfach einen lauten Wecker, damit du gleich wach bist und voller Energie deine Arbeit fortsetzen kannst!

Deklaration: Lege deine rechte Hand auf dein Herz und sage:
„Ich verspreche hiermit, dass ich von nun an meine Pausen effizient plane und diese auch strikt einhalte. Jeder Versuch meines Marv's, mich zur Müdigkeit zu überreden, wird von mir abgewiesen!"

Berühre deinen Kopf und sage:
„Mein faules Monster kann mich mal!"

P.S. Auf der nächsten Seite findest du eine leere Box. Notiere hier doch mal, welche Tipps du bisher umgesetzt hast. Bleibt die Box leer, dann wird es schleunigst Zeit, etwas dagegen zu unternehmen! Hast du mindestens einen Punkt notiert, dann klopfe dir auch die Schulter und sage noch einmal „Mein faules Monster kann mich mal!"

Welche Tipps hast du bisher umgesetzt?

Schlaf

Mein Opa pflegt immer zu sagen: „Junge, zu wenig Schlaf kann dich umbringen… zu viel Schlaf aber auch!"

Ewig verstand ich nicht, was es mit diesem Spruch nun auf sich hatte. Ich beklagte mich damals, während meiner Ausbildung, immer um zu wenig Schlaf und er schüttelte nur den Kopf. „Bis heute habe ich nie mehr als 5 Stunden am Stück geschlafen und sieh mich an. Ich bin für mein Alter noch echt fit!" Und das ist er wirklich!

Jeden Morgen geht er eine große Runde laufen, kümmert sich dann um seine Tiere und macht sich zum Frühstück einen großen Obstsalat und ein Vollkornbrot mit Aufstrich.

Gerade im Studium neigen wir dazu, in jeder Sekunde unserer Freizeit ein paar Minuten mehr Schlaf zu bekommen. Schlaf, in dem sich unser Körper der Heilung und Entgiftung widmet. Klingt doch bisher ganz gut, wo ist jetzt das wirkliche Problem?

„Es ist leichter das Unrealistische zu tun, als das Realistische." – Timothy Ferriss

Genau wie jede andere Tätigkeit, kann auch das Schlafen zur Sucht werden. Schläfst du ein paar Mal 9 Stunden am Stück und musst dann einen Tag nach nur 7 Stunden aus dem Bett, lässt es dich dein Körper und dein kleiner Marv wissen. Allen Grund haben Sie dazu ja auch. Du stellst Sie ja gerade auf Entzug!

Um dieser Problematik aus dem Weg zu gehen, musst du dir feste Aufwach- und Bettgehzeiten suchen. Beginnt die Uni am Montag um 7.30 Uhr und am Dienstag erst um 9 Uhr, stehst du beide Mal einfach um 6.15 Uhr auf. Solltest du am Morgen zu müde sein, gehe am Abend einfach ein wenig früher schlafen.

Am Anfang ist es noch hart für deinen Körper, sich an feste Zeiten zu gewöhnen. Doch wenn du dich zwingst und dein Ding durchziehst, wird auch dein Körper mitziehen und nach einiger Zeit ausgeschlafen und voller Energie erwachen.

Forscher fanden heraus, dass Erwachsene im Schnitt 7 bis 8 h Schlaf benötigen, um Ausgeschlafen zu sein. Gehe aus diesem Grund also nicht all zu spät ins Bett. Der morgige Tag wird es dir danken.

Wenn du das große Glück hast, zu Mittag oder Nachmittag bereits daheim zu sein, gönne dir ein Power-Nap. Genauso wie früher im Kindergarten legst du dich nachdem ersten und vor dem zweiten Teil des Tages kurz ein wenig Schlafen. Dein Gehirn hat Zeit sich zu erholen und neue Eindrücke zu verarbeiten und du kannst in Ruhe ein wenig entspannen.

Lass deinen Nap aber nie länger als 20 bis maximal 30 Minuten gehen, da du sonst den Übergang in die tiefere Schlafphase verpennst und so noch müder aufwachst, als du überhaupt eingeschlafen bist.

Häufe deine Naps auch nicht allzu sehr, da es sonst sein kann, dass du in der Nacht nicht einschlafen kannst und am nächsten Tag völlig übermüdet erwachst.

Es gibt natürlich auch für das schnellere Einschlafen ein paar Tipps. Beende deine letzte Mahlzeit maximal 3 Stunden vor dem Schlafen gehen und schaue die letzte Stunde lieber in ein Buch statt aufs Smartphone oder deinen TV Bildschirm. Das künstlich erzeugte Licht lässt deinen Kopf auch später nicht zur Ruhe kommen und es wird nicht genug Melatonin ausgeschüttet, damit du ins Land der Träume versinken kannst.

Bist du Smartphone süchtig, so kaufe dir einen normalen Wecker und lege dein Handy über Nacht ausgeschaltet in ein anderes Zimmer. Kommst du am Morgen nicht gleich aus dem Bett? So suche dir einen geeigneten Platz für deinen Wecker den du von deinem Bett aus nicht erreichen kannst. Du wirst am Morgen bereits gezwungen aufzustehen und dein Kreislauf wieder anzukurbeln.

Solltest du immer noch dein Smartphone als Wecker nutzen, so schalte die Schlummerfunktion ab. Sie hindert dich sonst noch zu lange im Bett zu verweilen. Mal ehrlich, diese 10 Minuten mehr Schlaf lassen dich auch nicht wacher in den Tag starten.

Nun noch ein letzter Tipp, falls du ein Nacht-Lerntyp bist und dir die Augen zufallen. Belichte dein Zimmer ausreichend und verberge sämtliche Dunkelheit von draußen. Entferne jede Uhr und mache ab und zu ein paar Froschsprünge. Das Licht in deinem Zimmer assoziiert dein Gehirn mit „Tag" und schüttet weniger Melatonin aus. Das Entfernen der Uhren bringt ein ähnliches Ergebnis hervor und die Froschsprünge wecken jeden Muskel deines Körpers.

Schlaf sollte für dich nicht länger als selbstverständlich abgetan werden. Es ist ein Geschenk von der Natur, um deinen kleinen Marv zu beruhigen, bevor er am nächsten Tag wieder an seine Grenzen gebracht wird. Ein paar Stunden Ruhe gönnen wir ihm doch auch!

Deklaration: Lege deine rechte Hand auf dein Herz und sage:
„Ich verspreche hiermit, dass ich von nun an meinen Schlaf als Heiligtum ansehe und meine Power Naps volle Aufmerksamkeit widme. Sollte mein kleiner Marv einmal zu lange im Bett verweilen wollen, dann wecke ich ihn mit ein paar Froschsprünge!"

Berühre deinen Kopf und sage:
„Mein faules Monster kann mich mal!"

P.S. Auf der nächsten Seite findest du 17 Fakten über die meisten kleinen Marv's! Wie viele davon treffen auf deinen eigenen zu?

17 Facts about Marv

1. hungrig wie ein Nilpferd

2. müde wie ein Faultier

3. beschwipst wie ein Alkoholiker

4. dick wie ein Ballon

5. gepflegt wie ein Schwein

6. zornig wie der Teufel

7. süß wie eine Katze

8. Serien-süchtig wie ein Hund nach seinem Schwanz

9. talentiert wie ein Stein

10. produktiv wie ein Baum

11. arm wie ein Bettler

12. schlau wie ein Goldfisch

13. nervig wie ein pubertierendes Kind

14. lustig wie eine Tomate

15. flauschig wie ein Meerschweinchen

16. schnell wie eine Schildkröte

17. bekifft wie mancher Rapper

Bett machen

Bist du ein Morgenmuffel und schwerlich, am Anfang des Tages, aus dem Bett zu bekommen? Keine Sorge! Es gibt genug Varianten dich blitzschnell zu wecken.

Variante 1: Sage deinem Mitbewohner, er solle dich mit kaltem Eiswasser am Morgen übergießen. Dieser Trick ist bald besser als die kalte Dusche! Das findest du zu extrem? Dann folgt nun Variante 2. Mache am frühen Morgen, direkt nach dem Aufstehen und bevor du das Zimmer verlässt, dein Bett. Das hat gleich mehrere Vorteile.

Dein Bett ist gemacht und dein Zimmer wirkt mit einem Schwung viel ordentlicher als davor. Wenn du dich am Abend schlafen legen willst, ist es doch ein viel schöneres Gefühl, sich in ein frisch gemachtes Bett zu legen, als sich unter hunderten von Kissen zu begraben.

Des Weiteren zählt diese kleine Übung als Mini-Sporteinheit am Morgen! Soll aber nicht gleich bedeuten, dass es das schon gewesen ist mit dem Sport für diese Woche, kleiner Marv...

Durch diese kleinen Bewegungsabfolgen und das Stehen, bringst du deinen Kreislauf weiter in Schwung und es lohnt sich gar nicht mehr, sich erneut hinzulegen.

Zuletzt hast du damit dein erstes kleines Ziel für den Tag erreicht und es kommen erste Glücksgefühle in dir auf. Die Motivation für den Tag ist also vorprogrammiert!

Auch wenn es zu den härteren Übungen dieses Buches gehört, so versuche jeden Tag dein Bett zu machen und somit deinen kleinen Marv aus dem Bett zu werfen.

Deklaration: Lege deine rechte Hand auf dein Herz und sage:
„Ich verspreche hiermit, dass ich von nun an jeden Morgen, nachdem der Wecker geklingelt hat, aus dem Bett springe und es sauber zusammenlege!"

Berühre deinen Kopf und sage:
„Mein faules Monster kann mich mal!"

P.S. Auf der nächsten Seite findest du eine Zusammenstellung von Studentenalltagssituationen Teil 3. Viel Spaß!

„Gott sei Dank, es ist Klausurenphase!"

Meine Leber, 23, gefühlte 50.

---

*„Was Du heute kannst entsorgen, das serviere
einfach morgen!"*

Uschi, 56, Mensaköchin

Wie ich in der Klausurenphase Punkte sammle:

- Payback
- Flensburg
- Marienkäfer sammeln

Wozu ein Auto?

Ich genieße mein Leben in vollen Zügen!

Sport

Eine weitere harte Disziplin für den einen oder anderen kleinen Marv stellt die sportliche Aktivität am Tage dar. „Ich bleibe doch viel lieber auf der Couch liegen, als mir jetzt diese blöden Sportschuhe anzuziehen, raus zu gehen und einfach loszulaufen. Am Ende bin ich nur kaputt und alles schmerzt. Warum sollte ich mir das antun?"

Lieber kleiner Marv,

hast du gewusst, das tägliche 10 Minuten Dehn- und Sportübungen deinem Herrchen zu Höchstleistungen am Tage verheißen können? Er würde sogar auf den Kaffee verzichten, der dich immer so hibbelig macht. Lass dich drauf ein. Ich werde deinem Herrchen nun erklären, warum es sich lohnt, doch ein wenig aktiver durchs Leben zu gehen. Pass genau auf und höre zu!

„Um als Erster anzukommen, muss man erst einmal ankommen." – Ron Dennis

Bevor du den morgendlichen Weg zur Uni/Schule antrittst, solltest du dir ein wenig Zeit zum Dehnen und für kleine Sportübungen nehmen.

5-10 Minuten reichen völlig aus, um dich fit und flexibel für den Tag zu machen, bevor man in der Vorlesung 90-110 Minuten am Stück stocksteif an seinen Sitzplatz gefesselt ist.

Natürlich kannst du auch den Gang ins Schwimmbad wählen, wenn dein Tag erst später beginnt. Im Sommer bietet sich ebenfalls eine frühmorgendliche Jogging-Session an. Raus aus dem Bett und rein in die Laufschuhe!

Am Morgen sind die Temperaturen meist noch etwas kühler und auf den Straßen und Wegen ist oft noch nicht so viel los. Findest du am Morgen keine Zeit für ausreichend Sport oder sind dir die Dehn- und Sportübungen zu wenig, dann probiere es am Abend oder zwischen den Lernsessions nochmal.

Dein Kopf kommt auf andere Gedanken, dein Stoffwechsel wird angeregt und dein Körper kann den Stress durch hartes Training loswerden. Wenn dir dieses „harte Training" nicht ganz so schmackhaft ist, aber du trotzdem dich sportlich betätigen möchtest, kannst du auch zu Yoga oder ähnlichen Übungen übergehen. Ja, auch Yoga ist eine Sportart, wie ich entsetzt feststellen musste!

Egal für welche Sportart du dich nun entscheidest. Tue es einfach! Die Hauptsache ist, dass du Bewegung in dein Leben bringst!

Deklaration: Lege deine rechte Hand auf dein Herz und sage:
„Ich verspreche hiermit, dass ich von nun an jeden Tag mehr Bewegung in mein Leben bringe. Ich werde kurze Wege zu Fuß, statt mit der Bahn bestreiten und mich für eine Sportart entscheiden!"

Berühre deinen Kopf und sage:
„Mein faules Monster kann mich mal!"

P.S. Auf der nächsten Seite findest du eine Anekdote aus meinem Leben, in der ich entsetzt feststellen musste, dass Yoga nicht nur pure Quacksalberei ist.

ANEKDOTEN-BOX

Es ist der 19.Juni 2017 in Bratislava. Sarah, Ali und ich kommen völlig fertig, aber mit einem Strahlen im Gesicht, aus dem Anatomie Department. Der erste Teil der Anatomie - Abschlussprüfung lag hinter uns. Morgen nun sollte der Nächste folgen. Als eingespieltes Team konnte ein erfolgreicher Tag nur eine Belohnung für uns bedeuten: ein Spaziergang im Medizinergarten. Ja, richtig gehört. Keine fette Party! Am nächsten Tag stand immerhin der 2. Mündliche Teil der Prüfung auf dem Plan.

Wir gingen gemeinsam und noch in unseren Prüfungsklamotten steckend durch die brutzelnde Sonne Bratislavas. Als wir nun unseren Stammplatz am Springbrunnen anvisierten, fiel unser Blick auf eine Gruppe junger Leute. Männchen und Weibchen gleich auf verteilt. Zuerst dachte ich, es handle sich um eine Artistengruppe. Sie lag unten; die Beine starr in die Luft gedrückt. Er lag mit seinen Schultern auf ihren Fußballen. Sozusagen im Kopfstand. Was zur Hölle?! Wir beobachteten das Schauspiel eine Weile lang und entdeckten schließlich ein Schild mit der Aufschrift: „Yoga für Fortgeschrittene KOSTENLOS"

Das Herz plumpste uns in die Hose, als sie langsam in die Knie ging und mit einem festen Stoß ihn in die Luft katapultierte, wo er mit einer gekonnten Drehung schließlich mit festem Stand auf dem Boden landete. „Das will ich auch können!" hörte ich mich noch kleinlaut sagen. Sarah schaute mich grinsend an und sagte dann „Irgendwann können wir das auch!"
Welch dumme Idee von mir.

Was habe ich mir da nur eingebrockt… Wer Sarah kennt weiß: Egal wie verrückt eine Idee auch ist, Sarah hat für jede davon ein offenes Ohr.

Demnächst heißt es also: Rauf auf die Yoga-Matte. Drückt die Daumen…

Trinken

„Was darf es heute sein: Bier, Wodka oder gar ein Whiskey auf Eis?"

„Danke, für mich nur ein Wasser!"

Spätestens jetzt liegt die Aufmerksamkeit des Barkeepers und der Gäste nur noch auf dir. Voller Unverständnis und fragende Blicken ausweichend verlässt du mit einem immer schneller werdenden Tempo die Örtlichkeit. „Oh man war das peinlich. Und alles nur, weil mich Marv mit dicken Augen angeschaut hat und ich einfach nicht wiederstehen konnte."

All das hätte dir erspart bleiben können, hättest du bloß auf meinen Rat gehört. Naja, hoffen wir mal, dass du aus deinen Fehlern lernst und dir das Gleiche nicht noch einmal passiert. Was tun, damit dir diese Peinlichkeit in Zukunft erspart bleibt? Am besten, du beginnst dich schon am Morgen auf den Abend vorzubereiten oder noch besser, du bist jeden Morgen vorbereitet.

Denn egal ob Bar oder Schreibtisch. Ohne die richtige Vorbereitung, kannst du den Abend echt vergessen.

Du hast bereits gehört, dass ein Glas Wasser am Morgen wahre Wunder vollbringen kann. Doch das ist nur die Spitze des Eisbergs im Vergleich zum ganzen Fass, welches wir am Tag trinken sollten.

Jeder Mensch hat ein eigenes Fass und jedes Fass seine eigene Größe. Abhängig von Gewicht und Größe definiert sich die zutrinkende Flüssigkeitsmenge pro Tag. Forscher sind sich immer noch uneinig, wie viel Wasser ein Mensch am Tag trinken sollte. Hunderte von Gleichungen und Theorien bestehen, doch bei einer Sache sind sich viele einig. Trinkst du pro Tag zwischen 1,8 – 2 Liter, tust du deinem Körper etwas Gutes und hast ungefähr die Tagesmenge erreicht.

Zu Anfang ist es noch etwas schwerer, sich an diese Flüssigkeitsmenge zu gewöhnen, doch wenn du dir zum Beispiel ein Glas mit Wasser neben dich auf den Schreibtisch stellst, erinnerst du dich permanent ans Trinken.

„Starke Getränke machen schwache Beine." –
Deutsches Sprichwort

Ist das Glas einmal leer, nutzt du deine 5 Minuten Pause um neues Wasser nachzufüllen. Wem Wasser zu eintönig ist, der sollte nicht gleich nach Cola oder Säften greifen, sondern sich eine Zitrusfrucht schnappen, kleinschneiden und in das Glas werfen.

Gesagt getan, und das Wasser hat nun Geschmack OHNE, dass du dir Wasser mit künstlichen Aromen aus dem Supermarkt kaufen musstest und dich irgendwelcher Chemie auslieferst. Versuche einmal deine Trinkmenge zu beobachten und zu protokollieren.

Was hast du heute getrunken?

_____.

Wie viele ml Flüssigkeit hast du heute zu dir genommen?

_____ *ml.*

Reduziere von nun an den Genuss von Cola, Fanta oder anderen Getränken mit viel Zucker! Nicht nur, dass der Zucker sich gerne in deinem Körper verkriecht und im Bauchfett versteckt. Zu viel Zucker schadet außerdem deinem Herzen und schadet damit deiner Leistungsfähigkeit.

Auch Energy Drinks sind wahre Zuckerschleudern. Klar enthalten Sie Koffein oder Glucose, die deine Aufmerksamkeit für kurze Zeit erhöhen. Trotzdem ist der Schaden auf lange Sicht viel größer, als sein Nutzen. Befolgst du nur ein paar Tipps aus diesem Buch, brauchst du keinen Kaffee oder Energydrink mehr. Dein innerer Akku steht am Morgen von nun an immer auf 100%, ohne dass du durch die Techniken dieses Buches schaden nimmst.

Natürlich kannst du dir ab und zu wieder Cola und andere Getränke gönnen, doch versuche deinen Konsum ein wenig zu reduzieren. Du wirst sehen, wie fit du dich alleine durch das Wasser trinken fühlen wirst!

Hast du weiterhin Geschmack auf etwas Süßes, willst aber auf die chemischen Aromen aus Supermärkten verzichten?

Dann mix dir doch einfach deine eigenen Säfte oder Smoothies. Ich persönlich mixe mir gerne einen Erdbeer-Melonen-Ingwer-Smoothie. Was da alles drinnen ist und wie genau er hergestellt wird, erfährst du in der Rezept-Box am Ende dieses Kapitels.

ACHTUNG! Vitamine aus Obst und Gemüse sind gesund, das bestreite ich nicht. Doch auch hier gilt die Regel: Weniger ist mehr. Nur weil du jetzt auf deine 1,5 Liter Cola am Tag verzichtest heißt das nicht gleich, dass du stattdessen 1,5 Liter Smoothie trinken solltest.

Klar, es ist die gesündere Variante. Trotzdem enthält vor allem Obst viel Zucker und Fruchtfleisch, welche von deinem Körper erst einmal verdaut werden müssen. Es braucht Energie und Zeit. Trinke also vor der nächsten Lernsession nicht unbedingt einen Liter Smoothie, ansonsten fühlst du dich trotz der Vitamine schnell müde und erschöpft.

„Verbote, Verbote, Verbote...ich höre hier immer nur Verbote"

Tja, ich habe nie gesagt, dass der Weg zur Produktivität ein Zuckerschlecken wird. Vielleicht kommt in mir gerade einmal mehr der kleine Mediziner durch, doch keine Sorge. Ich halte mich auch nicht immer an alle Regeln und Tipps. Manchmal muss es einfach mal ein großes Glas Saft aus der Verpackung sein oder es wird einen Abend mal zu tief ins Glas geschaut.

Wäre ja sonst auch nur langweilig, oder nicht?!

Das Wichtigste hierbei ist einfach, dass wir uns immer wieder daran erinnern, dass es sich um Ausnahmen handelt und nicht jeder Tag eine Ausnahme darstellt.

Gönnen wir dem kleinen Marv doch ab und zu ein wenig mehr Zucker. Stillen wir sein Verlangen, bevor er irgendwann rasend vor Wut wird und unseren kompletten Plan über den Haufen wirft. Er ist zwar ein Monster, doch auch er hat ein Herz ganz tief in sich drin. Und wer ein Herz hat, der sollte auch ab und zu ein wenig Zuneigung empfangen, oder?

„Boah genug geschleimt jetzt. Hast du noch einen Bonus Tipp für uns?"

Ja klar, und hierbei geht es um das Wasser 2.0 eines jeden Studenten und die Lieblingsgeschmacksrichtung vom kleinen Marv: Alkohol. Für viele reicht das Wochenende, für Andere darf es auch mal in der Woche etwas mehr sein.

Jedem das Seine! Ich möchte niemanden sagen, wie er sich zu bändigen hat. Auch ich bin nicht unschuldig! Aber lass mir dir ein paar Tipps geben, wie du trotz Alkohols nüchterner bleiben kannst.

Tipp 1: Trinke vorher und dabei ausreichend Wasser! Das Wasser verdünnt den Alkohol sozusagen und er wird, bei genug Wasser im Körper, nicht komplett in den Körper aufgenommen.

Tipp 2: Iss ein wenig Brot nebenbei. Bei Grillabenden oder gemütlichen Beisammenseins steht gerne mal ein Korb Brot auf dem Tisch. Greife zu und bediene dich! Warum das hilft? Stell dir einfach vor, als wirke es im Magen wie ein Schwamm, der den Alkohol aufsaugt und ihn dann später samt des Brotes wieder schneller ausscheidet. Lassen wir es bei dieser Erklärung. Alles andere wäre zu wissenschaftlich für den einfachen Kopf des Studenten.

Deklaration: Lege deine rechte Hand auf dein Herz und sage:
„Ich verspreche hiermit, dass ich von nun auf meinen Wasser- und Alkoholkonsum Acht geben werde und mich gegen das Verlangen des kleinen Marv's stelle!"

Berühre deinen Kopf und sage:
„Mein faules Monster kann mich mal!"

P.S. Auf der nächsten Seite findest du ein einfaches Rezept, für einen leckeren und gesunden Smoothie. Viel Spaß dabei!

Erdbeer-Melonen-Ingwer-Smoothie Rezept
Zutaten:

10 Erdbeeren	¼ Melone
1 cm dicke Scheibe Ingwer	
1 Handvoll Kerne	1 Apfel
500 ml Wasser	

Wasche und schneide alle Zutaten in kleine Würfel und gebe Sie dem Wasser hinzu. Achte darauf, dass die Würfel möglichst klein sind. Gieße den Inhalt des Bechers in einen Mix-Becher und mixe alles gut durch! Heraus kommt ein leckerer Smoothie! Zu dickflüssig? Dann gib noch etwas Wasser hinzu. Fertig!

Guten Appetit!

Musik im Ohr

Der kleine Marv liebt die Musik und gute Unterhaltung. Egal ob Netflix, Spotify oder YouTube. Die Hauptsache ist, er wird besudelt von unterschiedlichsten Klängen und Geräuschen. Dabei stört es ihn recht wenig, ob du gerade vor deiner Semesterarbeitsvorbereitung sitzt oder gar für die morgige Abschlussprüfung lernst.

Wenn Marv etwas will, dann geht er sogar über Leichen! Diese sind dann zumeist schlechte Punkte oder Wiederholungsprüfungen. Was also tun, wenn Marv mal wieder keine Ruhe gibt und in jeder Ecke deines Zimmers nach Unterhaltung sucht? Gib ihm Musik, doch wähle du den Sender!

Er wird sich dann zufrieden unter dein Bett verziehen und du kannst dich in Ruhe an die Arbeit machen. An sein lautes Schnarchen musst du dich leider gewöhnen, doch das ist das wohl kleinere Übel. Ich verspreche dir: So mancher Mensch der noch neben dir im Bett liegen wird, gibt ganz andere Geräusche von sich. Aber lassen wir das...

„Ich höre gerne Musik beim Lernen, doch am Ende merke ich, dass bereits eine Stunde vergangen ist und ich immer noch nicht viel weitergekommen bin. Gibt es da einen Trick, mit dem ich sowohl Musik hören, als auch extrem produktiv sein kann?"

Ja den gibt es! Es kommt ganz drauf an, was für ein Lerntyp du bist. Auch hier gilt wieder: Probiere dich einfach aus.

Ich unterteile uns Studenten gerne in 3 Gruppen. Gruppe 1 muss immer etwas um sich haben. Sie lernen im Park oder in der Bibliothek, weil sie es daheim nicht aushalten. Sind sie dann gezwungen zu Hause zu lernen und lassen Sie den TV nebenbei gerne mal laufen. Sie brauchen diese Geräuschkulisse und lernen so am Produktivsten.

Gruppe 2 stellt das komplette Gegenteil dar. In der absoluten Stille haben Sie ihr Momentum. Jede noch so kleine Lautstärke wird beseitigt und der Flow kann eintreten.

Gruppe 3 umfasst den guten Rest. Studenten, die mal ein wenig Geräusche um sich brauchen, dann aber wieder die absolute Ruhe. Für diese Gruppe gibt es die perfekte Zwischenlösung:

Wähle zwischen Metal und Klassik!

Zwei Richtungen, die unterschiedlicher nicht sein könnten und doch eins gemeinsam haben. Im Vergleich zu Mainstream-Popsongs erkennt man hier nur wenig Struktur oder Texte zum Mitsingen.

Gerade diese Texte und Ohrwürmer sind es, bei denen dein kleiner Marv auch ohne Alkohol so richtig auftaut und einen riesen Radaus neben dir veranstaltet. Lautes mitsingen und mitwippen sind nur kleine Auswirkungen. Auswirkungen, die dich nur zu oft vom Lernen abhalten.

Aus diesem Grund mach dich auf die Suche nach Metal oder Klassik-Playlists, auch wenn beide Richtungen sonst weniger zu deinem täglichen Repertoire gehören.

Auf YouTube oder Streamingdiensten wie Spotify oder Apple Music gibt es unzählige öffentliche Playlists speziell zum Lernen und Fokussieren.

Du wirst am Anfang ein wenig Zeit brauchen, um dich an die neue Musik zu gewöhnen. Bist du dann aber einmal im Flow, wirst du Dinge viel schneller und effektiver lernen und behalten können. Und dass alles nur, weil du Musik hörst die Marv zwar unterhält, aber auch in Ruhe schlafen lassen.

„Musik wird oft nicht schön gefunden,
weil sie stets mit Geräusch verbunden." –
Wilhelm Busch

Und ja, Marv kann super bei Metal-Musik schlafen! Du etwa nicht?

„Ich habe es probiert, aber ich komme einfach nicht an diese langweilige klassische Musik heran und von Metal bekomme ich nur Kopfschmerzen!"

Okay, dann ist dein Marv ein kleiner Sonderfall und sollte auch so behandelt werden. Es gibt noch 2 weitere Möglichkeiten, ihn endlich ruhig zu stimmen. Nummer 1 stellt hierbei der Score aus Filmen, Serien und Spielen dar. Du kennst doch sicherlich den ein oder anderen komponierten Titel aus echt coolen Filmen wie: Inception, Herr der

Ringe oder Fluch der Karibik. Fast jeder Film trägt eine eigens dafür komponierte Musik in sich. Auch hierfür findest du Unmengen an Playlists und Alben in deinem Streaming- oder Videodienst. Komponisten wie Hans Zimmer oder Howard Shore sind Weltklasse im Schreiben neuer Scores, die dich packen und nicht mehr loslassen. Sie sind interessanter als pure klassische Stücke, aber dennoch nicht störend wie irgendein Mainstream-Pop-Song.

Die zweite Möglichkeit umfasst eigens für das Fokussieren geschriebene Musik. Gib doch mal auf YouTube „Study Music" ein. Bis zu 8 Stunden lange Titel werden dir nun vorgeschlagen. Klickst du einen von Ihnen an, hörst du meistens ein klassisches Stück im Mix mit Naturgeräuschen oder einer durchgängigen Alphawelle, die deinen Marv ein für alle Mal hypnotisiert.

Er und du geraten in einem Zustand der Trance, dem sogenannten Flow. Zuerst wird dir der Sound ein wenig merkwürdig vorkommen, doch nach einiger Zeit lässt du los und Marv kann sich damit beschäftigen. Du fokussierst dich jetzt zu 100% auf deine Arbeit und ihr beide seid zufrieden und glücklich.

Hast du gewusst, dass Musik und Geräusche aktiv deine Stimmung ändern können? Ja es stimmt! Warum hören wir bei Sport sonst immer schnellere Musik, die zu unseren Übungen passen oder am Abend eher ruhigere Musik, die sich der nächtlichen Stimmung anpassen? Genauso wie mit der Körperhaltung können wir unsere Emotionen beeinflussen.

Bist du am Morgen träge, dann suche nach imposanter oder Gute-Laune-Musik, um deine Systeme schnell hochzufahren. Bist du am Morgen vor deiner Prüfung zu aufgeweckt, dann wählst du lieber ein paar ruhige klassische Stücke.

Eine klitzekleine Kleinigkeit gibt es da aber noch. Viele Studenten lassen sich von Marv leicht übers Ohr hauen, indem Sie ihm die Wahl der Lerntypgruppe überlassen. Bevor du ihm glauben schenkst, probiere lieber jede dieser Gruppen selbst einmal aus. Erst dann hast du die Gewissheit, dass es sich hier nicht wieder um einen von Marv unbeliebten Tricks handelt und er mal wieder nur an sich denkt.

„Das würde ich niemals tun." Sag niemals nie kleiner Marv, sag niemals nie.

Deklaration: Lege deine rechte Hand auf dein Herz und sage:

„Ich verspreche hiermit, dass ich von nun an während des Lernens mich in der Musikwahl ausprobiere. Durch hinzugefügte Alphawellen wird Marv ganz schöne Augen machen, wenn er erst einmal hypnotisiert ist!"

Berühre deinen Kopf und sage:
„Mein faules Monster kann mich mal!"

P.S. Auf der nächsten Seite findest du meine TOP 5 klassischen Lernsongs und meine TOP 5 Motivationstitel für den Tag!

Meine Top 5 Klassik-Fokus-Musikstücke

*1. Violin Concerto in D Major, Op. 77: I.
Allegro non troppo*
*2. Symphony No. 3 in E-Flat Major,
Op. 55, "Eroica": I. Allegro con brio*
*3. Romeo and Juliet, Op. 64 / Act 1:
Dance of the Knights*
4. Adagio in D Minor – John Murphy
5. Nocturne in a Minor – Chad Lawson

Meine Top 5 Power-Morning-Songs

1. Glitter & Gold – Barns Courtney
2. Legendary – Welshly Arms
3. You Give Love A Bad Name – Bon Jovi
4. Life Is Life - Opus
*5. Don't Bring Me Down – Electric Light
Orchestra*

Teil 4

Wie du deinem Marv ein Sprachverbot erteilst!

Sei dein größter Fan und dein schärfster Kritiker!

Du willst dein volles Potential ausschöpfen? Willst mit voller Energie und Motivation dein Umfeld und deine Professoren begeistern, ohne dabei abgehoben oder völlig neben der Spur zu wirken? Oder dich einfach nicht schon wieder beim Prokrastinieren erwischen? Kein Problem!

„Tue es nicht; wenn du es doch tust, tue es richtig zu Ende." – ein Denker

Stehe schon am Morgen mit 2 Gesichtern auf und der Tag gehört dir! Auf der linken Seite mit dem des eigenen größten Fans und auf der rechten Seite mit dem des persönlich schärfsten Kritikers. Mit diesem Mix wird es dir gelingen, Bäume auszureißen. Wie genau funktioniert dieses Prinzip?

Als dein größter Fan stehst du jeden Tag voller Motivation und Tatendrang auf und spürst das Kribbeln im ganzen

Körper schon alleine beim Gedanken an deine heutigen Ziele. Ist ein Schritt erreicht, feiere dein Schaffen!

Balle deine Hand zu einer Faust und strecke sie in die Höhe, wie es Superman täte oder gönne dir eine kleine Belohnung wie einen Apfel. Ziele erreichen ist ein tolles Gefühl. Besonders wenn es kleine Ziele sind und man öfter welche von Ihnen erfüllt. Doch vergessen manche von uns gerne mal, dass eine kleine Belohnung nicht bedeutet, dass keine Arbeit mehr ansteht. Auch wenn ein großes Ziel erreicht ist, mach dir immer wieder bewusst, dass wir unser ganzes Leben lang in der Rolle des Schülers stecken und das Leben unser Mentor ist.

Du hast bestimmt oft genug von deinen Eltern oder deinem Umfeld den Spruch gehört: „Man lernt nie aus". Behalte ihn immer im Hinterkopf, denn ganz so falsch liegt er nicht. Egal wie groß dein Erfolg auch ist, so stehst du immer am Anfang des großen Ganzen und arbeitest dich langsam, Stück für Stück, vor.

Wenn du es schaffst, einen Grad zwischen größtem Fan und schärfsten Kritiker zu finden, ist alles möglich! Du lebst das volle Potential, nutzt 100% deiner Stärke durch pure Leidenschaft und Motivation und bleibst dabei immer auf dem Boden. Dein Schaffen wird maximiert, dein Umfeld feiert deine Erfolge mit dir und zusammen baust du einen Grundstein für dein nächstes großes Ding!

Deklaration: Lege deine rechte Hand auf dein Herz und sage:

„Ich verspreche hiermit, dass ich von nun an sowohl mein größter Fan als auch mein schärfster Kritiker bin!"

Berühre deinen Kopf und sage:
„Mein faules Monster kann mich mal!"

Erzähle keinem von deinen Problemen! Sei ein Optimist!

In der heutigen Zeit sind durchweg optimistische Studenten eine wahre Seltenheit. Egal ob Prüfung, Beziehung oder Zukunftspläne. „Die Prüfung wird sowieso nichts.", „Meine Beziehung ist eh nicht mehr zu retten" oder „Wo ich mich in 10 Jahren sehe? Nicht viel weiter als heute.".

Das muss aufhören! Viel zu oft verschwenden wir negative Gedanken für Dinge, die eigentlich voller Potential stecken. Doch wieso sind die meisten von uns eigentlich so pessimistisch eingestellt?

Schon von Kindheit an sind wir und unser kleiner Marv von Negativität umgeben. „In den Nachrichten jagt eine schlechte Nachricht die Andere und Mama und Papa schütteln nur den Kopf. Die Themen von Erwachsenen behandeln vorwiegend Probleme und Krankheiten. Spiele ich zu laut in meiner Kissenhöhle, soll ich leiser sein. Komische Welt."

So oder so ähnlich sehen viele Kinder unterbewusst ihre Umgebung. Wenn auch zu Anfang noch recht wenig, wird dann später in der Pubertät schnell klar, dass die heile Welt gar nicht so heile ist wie alle sagen. „Die Alten stressen nur rum und niemand versteht mich. Was ich auch mache, es ist falsch. In der Schule sind die Pausen das Beste, denn im Unterricht lernen wir sowieso nur Müll."

Und nun im Studentenleben mit jungen 20 Jahren sollen wir nun ein Lächeln aufsetzen und positiv denken?

„So ein Quatsch. Was mir die Welt vormacht, mache ich nach!" denkt sich der kleine Marv und flüchtet unter dein Bett. „Wozu soll ich ein Optimist werden, wenn ich sowieso von einer Mehrzahl von Pessimisten umgeben bin?"

Wieso erzählen wir Anderen von unseren Problemen? Ganz einfach. Wir wollen mit am Gespräch beteiligt sein, den Finger heben und sagen: „Meine Prüfung war noch viel unfairer als deine". Anstatt Probleme anzugehen, nutzen wir sie lieber als Vorwand, um eine tolle Geschichte zu präsentieren.

Der kleine Marv freute sich damals immer wieder aufs Neue, wenn ich nach der Klassenarbeit meinen Freunden berichten konnte, wie ungerecht wir doch behandelt wurden und wie furchtbar doch unsere Lehrerin ist.

Um damit Schluss zu machen und auch dein Umfeld positiv zu stimmen, müssen wir bei dir selbst und deinem Marv beginnen. Was bringt es uns, über unsere Probleme zu erzählen, anstatt sie anzupacken. Einen kurzen Augenblick der Aufmerksamkeit und des Gemeinschaftsgefühls...mehr nicht.

Was bringt es uns nun einmal umzudenken und das Problem beim Schopf zu packen? Eine komplett neue Zukunft.

Wie stellst du das am besten an?

Schritt 1: Hinterfrage NIE das Problem! Hinterfrage dein Handeln.

Schritt 2: Was kannst du verbessern, um das Problem zu lösen?

Schritt 3: Stelle dich nach ausreichender Vorbereitung dem Problem!

Schritt 4: Komme glücklich nach der Problemlösung aus dem Raum und gehe nicht auf Negativitätsdebatten ein. Nimm deinen Marv an die Leine und gehe optimistisch voran!

Wenn du diese Schritte ausreichend befolgst, brauchst du keine negativen Gedanken mehr an Prüfungsergebnisse oder Lehrer zu vergeuden. Egal wie schwer die Prüfung oder unfair der Prüfer auch war. Wenn du es ihm zeigen konntest und du mit Wissen geglänzt hast, haben deine Punkte mehr zu sagen als der irre Professor.

Man lernt aus seinen Fehlern! Man sollte es zumindest. Beginne bei Problemen IMMER mit der Planung der Problemlösung. Dein Handeln ist hierbei entscheidend. Auch wenn es der kleine Marv nicht gerne hat, nehme ich ihn vor und nach Prüfung direkt an die Leine und führe ihn schleunigst schnell vorbei an negativen Menschen und hin zu meiner Gruppe an optimistischen Freunden!

Pessimismus entsteht viel Schneller als Optimismus. Der Schwache spricht über das Problem, der Starke löst es! Bist du ein Schwächling oder ein Kämpfer?!

Deklaration: Lege deine rechte Hand auf dein Herz und sage:
„Ich verspreche hiermit, dass ich mich von nun an von allen negativen Personen und Medien distanziere und mir ein positives Umfeld schaffe! Meinen kleinen Marv nehme ich vor und nach der Prüfung an die Leine!"

Berühre deinen Kopf und sage:
„Mein faules Monster kann mich mal!"

Die 5 Menschen, die über dein Leben bestimmen

Beantworte mir zu Anfang bitte dieses kleine Ranking.

Mit welchen 5 Menschen verbringst du die meiste Zeit?

1. _____

2. _____

3. _____

4. _____

5. _____

Na, hast du es dir auch gut überlegt? Falls ja, dann siehst du nun ein Abbild deines Charakters. Bist du übertrieben gut gelaunt wie Nummer 2 oder schnell verletzt wie Nummer 5?

Ganz egal welche Eigenschaften auf dich und die jeweilige Person zutreffen. Fakt ist: Dein Umfeld prägt deinen Charakter.

Bist du nur umgeben von Pessimisten und Problembeschwörern, dann gehörst du mit großer Wahrscheinlichkeit selbst dazu und gehst jeder Problemlösung aus dem Weg. Deinem kleinen Marv gefällt das!

Um dir dieses Prinzip noch ein wenig besser zu erklären, denke doch einmal zurück in die Vergangenheit. Warst du schon einmal in einer Gruppe von Leuten, in der du der Einzige „Andere" warst.

Alle deiner Jungs lieben Fußball, nur du verstehst nicht, warum es deine Freunde so toll finden, einem Ball hinterherzuschauen?

Oder.

Alle deine Mädels schminken sich total hübsch für die Jungs nachher im Club und du bist die Einzige mit Freund und wirst als „zu verkrampft" angesehen?

Dann befandst du dich schon damals in einem falschen Umfeld. Diese Beispiele zeigten es dir mehr als deutlich. In solchen Situationen erkennt man erst an einem gewissen Punkt, dass es so nicht weitergehen kann. Doch ist es leider nicht immer so leicht im Leben. Bist du von lauter Pessimisten umgeben, die aber schon Jahre zu deinen engsten Freunden gehören? Dann wird es dir leider schwerer fallen, negative Verhaltensmuster zu erkennen und zu eliminieren.

Um dennoch den Weg in die richtige Richtung einzuschlagen, versetze dich nun einmal in die objektive Vogelperspektive und begutachte das Geschehen von oben. Was willst du in deinem Leben erreichen oder ändern? In wie weit hilft dir dein Umfeld dabei deine Ziele zu erreichen? Sind sie eher Hilfe oder Hindernis?

Keine Sorge, es ist ganz normal, dass nach langer Zeit die Interessen und Standpunkte auseinandergehen. Der Eine ist bereits zufrieden mit seinem Leben, der Andere will über sich hinauswachsen. Die einen bestehen jede Prüfung durch pures Glück und feiern dieses; die anderen stecken ihre volle Energie in diese Prüfung und kommen voller Stolz mit einem klasse Ergebnis aus dem Raum. Sind es wirklich alles eingebildete Streber oder nur Menschen, die ihren Traum leben?

Zu welcher Kategorie zählst du dich? Musst oder darfst du deine Prüfung schreiben? Hast du deine Fachrichtung aus voller Überzeugung oder aus Unwissenheit über deine Zukunft gewählt?

Hast du dir diese Fragen einmal gestellt, dann weißt du, in welche Gruppe du gehörst! Bist du bereits mit dem richtigen Umfeld umgeben, dann Gratulation! Dein kleiner Marv hat ausnahmsweise die richtige Wahl getroffen.

Sind deine Ziele aber höher und anders als die deines derzeitigen Umfelds, dann begib dich auf die Suche nach Menschen, die auf deinem angestrebten Level oder höher spielen. Positive Energien ziehen sich an und unterstützen dich. Andersherum ziehen sich auch negative Energien sehr schnell an und ziehen dich blitzschnell herunter.

Du solltest natürlich nicht gleich dein Umfeld auflösen und deine Freundschaften kündigen, wenn dir viel an der Freundschaft liegt. Versuche aber etwas mehr Abstand zugewinnen, um Platz für Neues zu haben und dich zu entfalten. Ansonsten stehen dein Monster und du am Ende deines Lebens da und ihr fragt Euch: „Was haben wir da bloß für eine Scheiße gebaut?"

Um diese Situation schnellstmöglich zu verhindern, versetze dich immer mal wieder in die objektive Vogelperspektive und hinterfrage dein Umfeld.

Bonus: Falls du gemerkt hast, dass dein Umfeld dir nicht wirklich guttut, dann kannst du hier erneut deine Top 5 wählen. Dieses Mal aber mit den Personen, zu denen du aufschaust und dessen Ziele und Träume du auch verfolgst.

Mit welchen 5 Menschen in deinem Umfeld würdest du am Liebsten deine meiste Zeit verbringen?

1. _____

2. _____

3. _____

4. _____

5. _____

Schwache Menschen stehen auf der Stelle; Starke Menschen kennen nur einen Weg: Vorwärts! Stillstand bedeu-

tet Rückschritt! Dein Marv kann noch so stark an dir ziehen. Du entscheidest, mit wem du dich wann umgibst und
wer dir guttut. Nicht der kleine Marv unter deinem Bett!

Deklaration: Lege deine rechte Hand auf dein Herz
und sage:
*„Ich verspreche hiermit, dass ich von nun an mein
Umfeld hinterfrage und mich mit den Menschen um-
gebe, die meine Ziele teilen!"*

Berühre deinen Kopf und sage:
„Mein faules Monster kann mich mal!"

Ignoriere das „Was Wäre Wenn"

Der kleine Marv hat mich schon vor vielen Situationen bewahrt und mir geholfen, unangenehmen Situationen aus dem Wege zu gehen. So hat er es sich zumindest gedacht. Die Wirklichkeit sieht da ein wenig anders aus.

Schwierigen Situationen aus dem Wege gehen? Das kann er gut! Viel zu oft brüllt er dann: „Marvin, was wäre, wenn du etwas falsches oder komplett dummes im Unterricht sagst und alle lachen müssen?? Melde dich lieber gar nicht" oder „Was wäre wenn das Mädchen nein zu dir sagt, wie wirst du dich dann fühlen? Bleib lieber ohne Antwort, vielleicht fragt Sie dich ja". Tja so einfach ist das alles nicht. Doch vor einer Antwort davon zu rennen, macht es auch nicht viel besser.

Stelle dich deinen Ängsten und triff schwierige Entscheidungen, auch wenn Sie noch so unangenehm sind. Bevor du dir ewig den Kopf darüber zerbrichst, welche Situationen eintreten könnten, beginne einfach zu Handeln.

Ich sage nicht, dass du gar nicht darüber nachdenken solltest und so etwas Unüberlegtes tust. Gib dir lediglich nicht so viel Zeit zum Nachdenken, da du sonst 100 Gründe findest, die gegen dein Handeln sprechen. Wenn die Angst zu groß ist und dich dein kleiner Marv mal wieder mit aller Wucht und Kraft versucht zu hindern, nimm dir den „Angst-Bewältigungs-Fragenkatalog" vor und gehe ihn Schritt für Schritt durch. Auf diese Weise führst du dir und deinem kleinen Monster vor Augen, dass die eintretenden Fälle gar nicht so schlimm sind wie angenommen. Was sind die Worst Case Fälle?

Wenn du wirklich eine falsche Antwort sagst, nimmt der Professor einfach den nächsten dran oder du lachst mit deinem Kurs darüber.

Wenn du das Mädchen deiner Träume ansprichst, aber sie dir einen Korb gibt tut es zwar weh, aber du kennst ihre Meinung und du kannst so ruhig weiterleben. Ganz ohne monatelang nur Sie im Kopf rumschwirren zu haben...auf eine Antwort hoffend. Nicht-Fragen/Nicht-Tun bedeutet sowieso ein „Nein". Wäre also ziemlich bescheuert sich der Situation nicht zu stellen, oder?

Desto mehr Zeit dein Kopf hat, über einen Sachverhalt nachzudenken, desto mehr Wege tun sich auf. Von Zeit zu Zeit werden diese immer skurriler und abgefahrener. Warum sorgen sich wohl viele Rentner so um ihre Kinder und Enkel? Weil Sie viel Zeit haben, sich die schlimmsten Situationen auszumalen. Das Fernsehen tut dabei sein Übriges und spielt ihnen die krassesten Szenarien vor.

Egal wie oft du deiner Oma versicherst: „Oma ich bin alt genug. Ich kann auf mich aufpassen", wird sie sagen: „Das haben schon so viele gesagt, und dann ist es passiert.". Ach Oma...

Stell dich deinen Ängsten und Problemen. Nicht handeln bedeutet automatisch: NEIN!

Mit dem Handeln gehst du so oder so als Sieger hervor. Entweder du gewinnst in der Situation oder du gewinnst an Erfahrung. Klingt doch gleich viel besser, als sofort zu kapitulieren oder?

Deklaration: Lege deine rechte Hand auf dein Herz und sage:
„Ich verspreche hiermit, dass ich mich von nun an meinen Ängsten stelle und so einem Nein möglicherweise aus dem Weg gehe!"

Berühre deinen Kopf und sage:
„Mein faules Monster kann mich mal!"

Erzähle niemanden von deinen Plänen! Lass Taten sprechen!

Dass unser kleiner Marv die Aufmerksamkeit liebt, haben wir ja bereits herausgefunden. Doch noch lieber als die Aufmerksamkeit liebt er die Angeberei und Träumerei.

Gerne erzählt er am Anfang des Jahres davon, dass dieses Jahr „sein Jahr" wird und nichts und niemand ihn stoppen kann. 6 Monate später stehen er und du aber immer noch am gleichen Punkt, wie am Jahres Anfang. Vielleicht habt ihr euch im Fitnessstudio angemeldet, doch die sportliche Betätigung nur wenige Monate durchgezogen. Vielleicht habt ihr euer Journal begonnen, es dann aber doch irgendwann vergessen, weil dich dein kleiner Marv daran gehindert hat. Ganz egal was es ist... Die Träumerei muss aufhören. Jetzt müssen Taten folgen!

Von diesem Buch wusste bis zur Veröffentlichung auch so gut wie niemand. Zwar bin ich ein Mensch, der den Druck liebt und braucht... Doch was bringt es mir Dinge anzukündigen, wo ich mir nie sicher bin, ob nicht doch noch etwas dazwischenkommt oder ich die erste Grundidee über den Haufen werfe? Steht dann einmal das Ergebnis, kann es präsentiert werden.

Erzähle niemanden, dass du von nun an intensiver lernen wirst, sondern zeige es allen mit deinen Punkten in der Prüfung. Quatschköpfe sind die Schwachen; Macher die Starken!

Du machst dich vielleicht am Silvesterabend für ein paar Minuten interessant. Doch Monate später ist auch das vergessen, weil du dein Ziel nicht erreicht hast.

Ziehst du es aber im geheimen durch und das mit Erfolg, dann bringst du dein Umfeld zum Staunen und erst dann darfst du von deinen bisher erreichten Erfolgen sprechen. Sei aber vorsichtig mit deinen Aussagen! Dein kleiner Marv wird dich zur Überschwänglichkeit treiben und du wirst nun denken, du seist unbesiegbar! Auf Fragen wie „Was ist dein nächstes Projekt?" oder „Schreibst du nun jede Prüfung so gut?" antwortest du am besten gar nicht. Du wirst automatisch interessanter, wenn du unberechenbarer wirst! Jeder Student sollte ein paar Geheimnisse für sich behalten, was die Zukunft angeht.

ACHTUNG! Werde nicht zum egoistischen Arschloch, welches niemandem mehr etwas erzählt. Dein Marv liebt es in diese Rolle zu schlüpfen und du wirst es sehr schnell hassen! Hilf mit deinem erlernten Wissen anderen und stecke Sie mit deiner positiven Energie an. Ein Gutmensch, dessen nächstes Ziel unberechenbar ist. Klingt doch gut, oder?

Ziele von denen du weißt, dass sie Druck benötigen, erzähle deinem Umfeld. Ziele die du zuerst alleine erreichen willst, um dich und erst dann dein Umfeld stolz zu machen, verschweige. Niemand mag Menschen, die den ganzen Tag davon reden, wie toll sie doch sind. Okay, vielleicht doch jemand. Dein kleiner Marv.

Deklaration: Lege deine rechte Hand auf dein Herz und sage:

„Ich verspreche hiermit, dass ich von nun an meine Vorhaben so lange geheim halte, bis Ergebnisse zu sehen sind!"

Berühre deinen Kopf und sage:
„Mein faules Monster kann mich mal!"

Ein tiefer Fall führt oft zu höherem Glück! – Shakespeare

„Oha, auf den letzten Seiten beginnst du jetzt noch Shakespeare zu zitieren. Ist das wirklich notwendig?" Keine Sorge, schwieriger als dieses Zitat wird es nicht mehr.

Ich möchte dir hiermit nur noch einmal verdeutlichen, dass nicht jeder Sturz, nicht jedes Versagen und nicht jeder Fall nur Schlechtes mit sich bringt. Es gibt nämlich 2 Arten von Marv's. Die einen brechen nach jeder nicht bestandenen Prüfung zusammen und geben auf. Den anderen ist das Ergebnis sowieso völlig egal und sie kümmern sich lieber um „Wichtigeres".

Egal welche Art von Monster unter deinem Bett auch lebt. Du bist es, der es an die Hand nehmen und ihm zeigen sollte, dass nach jedem Niederschlag auch wieder Sonne folgt. Schön gesagt, oder?

Eine Prüfung nicht zu bestehen ist im ersten Moment echt verdammt niederschlagend. Man fragt sich: „Wofür habe ich so lange gelernt?" oder „Bin ich überhaupt die richtige Person für dieses Fach, wenn ich diese Prüfung schon nicht bestehe?" Ja bist du! Hat es jemand vor dir bereits geschafft, dann kannst du es auch schaffen! Mein Tipp: Unternimm nach deiner Prüfung erst einmal etwas. Egal ob bestanden oder nicht. So viel Zeit muss sein.

Du musst deinen Kopf frei bekommen und solltest nicht alleine zuhause dasitzen und auf eine Erleuchtung hoffen. Gehe mit Freunden essen, macht einen Spaziergang oder macht euch einen netten, nicht zu feuchtfröhlichen Abend. Am nächsten Tag startest du dann wieder voller Power und findest heraus, woran es in der Prüfung lag.

Schritt 1: Was sind die Fehler, die ich gemacht habe?

Schritt 2: Wie kann ich diesen Fehlern aus dem Weg gehen? Wie kann ich meine Leistungen dahingehend verbessern?

Schritt 3: Beginne jetzt!

Wenn sich eine Tür schließt, öffnet sich eine Neue! Packe die Chance am Schopf und mach es besser! Zeig deinem kleinen Marv in welche Richtung es gehen soll und beginne sofort mit der Umsetzung!

Ist eine Prüfung mal nicht bestanden musst du in den meisten Fällen nicht alles erneut lernen, sondern dein Wissen nur noch aufbessern und erweitern. Musst du mehrere Fächer auf einmal Lernen, lerne das schwierigste zuerst und verschiebe weitere auf den Nachmittag oder Abend. Vernachlässige beim Ausbessern deiner Fehler aber nicht, dass noch weitere Prüfungen vorbereitet werden müssen! Schritt für Schritt und ohne Zusammenbruch. Nun kann sich das Ergebnis sehen lassen und dein Fleiß wird belohnt.

Deine Belohnung wartet am Ende der Durststrecke: Die Semesterferien! Dein Marv darf sich in dieser Zeit einmal komplett entfalten und sich austoben. Er musste ja schließlich die letzten 5 Monate ruhig dasitzen und sich all

dein Handeln gefallen lassen. Marv hat es sich also verdient, ein wenig Freilauf zu bekommen…ganz ohne Leine.

Deklaration: Lege deine rechte Hand auf dein Herz
und sage:
*„Ich verspreche hiermit, dass ich von nun an aus je-
dem negativen Ereignis lerne und in jedem das Positive suche und finde!"*

Berühre deinen Kopf und sage:
„Mein faules Monster kann mich mal!"

Wer aufhört besser werden zu wollen hört auf, gut zu sein!

Wie sagte Henry Ford einst so schön? „Wenn du auf den Mond zielst und du triffst ihn nicht, landest du noch immer bei den Sternen." Schön oder? Realistische Ziele sind gut, unrealistische noch besser!

Ich wäre dankbar gewesen, hätte ich dieses Mindset schon in meiner Gymnasialzeit gehabt und angewandt. Meine Noten wären um einiges besser gewesen und mein Denken anders programmiert. Wie gehst du in eine Prüfung? Beantworte mir bitte folgende Frage.

Welche Note willst du in der nächsten Prüfung erreichen?

__ 1   __ 2   __ 3   __ 4   __ 5   __6

Wenn du die Note eins gewählt hast, dann überspringe dieses Kapitel! Du besitzt bereits das richtige Mindset für deine nächste Prüfung und kannst dich sofort an die Vorbereitungen machen. Hast du hingegen eine 2 oder tiefer gewählt, dann programmieren wir jetzt dein Denken und deinen Marv ein wenig um.

Marv sagt dir „Eine 3 zu erreichen wäre doch schon spitze für uns, oder?". Falsch! Wenn du dir als Höchstziel eine 3 wählst, wird die Note meistens sich auf eine 3 einfahren oder noch schlechter ausfallen.

Warum bist du wohl ein typischer 3er Kandidat und andere typische 2er und 1er Schüler? Die Lösung ist ganz einfach. Das Universum gibt dir das, was du dir wünscht.

Suchst du nach Problemen, wirst du genug finden. Suchst du nach Chancen, wirst du genug finden. Reichen dir 3en, wirst du auch immer höchsten diese bekommen. Setzt du dir aber 1en als Ziel, dann ist dein Spektrum gleich viel größer und deine Lernmotivation eine andere. Bereitest du dich auf eine 1 vor, lernst du automatisch intensiver und mehr als für eine 3.

Niemand sagt, dass du damit auch tatsächlich eine 1 erhalten wirst. Aber die Chance, dass durchfallen zu umgehen steigt um ein Vielfaches.

Probiere es bei der nächsten Prüfung doch einmal aus. Setzte dir die 1 bzw. ein A als Ziel und beantworte mir hinterher folgende Frage.

Welche Note hast du mit diesem Prinzip in deiner letzten Prüfung bekommen?

__ 1   __ 2   __ 3   __ 4   __ 5   __ 6

Und, bist du zufrieden? Hast du die Prüfung bestanden?

Versuche in Zukunft da weiterzumachen, wo der Durchschnittsmensch aufhört. Gebe von nun an 110% statt 100% und lese dir zum Gelernten noch ein paar Seiten im Buch durch, um mit Zusatzwissen im mündlichen Teil zu glänzen und dich von deinen bisherigen Leistungen abzuheben. Die Professoren werden deinen Ehrgeiz spüren und dich vielleicht sogar lockerer benoten. Sag niemals nie! Und höre vor allem nicht auf deinen kleinen Marv!

Deklaration: Lege deine rechte Hand auf dein Herz und sage:
„Ich verspreche hiermit, dass ich von nun an in jeder Prüfung eine 1/ein A/15 Punkte anstrebe. Ruft mein Marv nach Faulheit, halte ich mir die Ohren zu und gehe meinen Weg!"

Berühre deinen Kopf und sage:
„Mein faules Monster kann mich mal!"

Wo zum Geier fange ich denn jetzt an?!

Wenn du diese Zeilen liest, bist du am Ende des Buches angelangt. Meine Arbeit ist getan. Deine fängt gerade erst an.

Schritt 1: Lesen!   -   erledigt!

Schritt 2: Lernen!   -   erledigt!

<u>Schritt 3: Anwenden   -   offen!</u>

Es gibt nun 2 Wege, wie du weitermachen kannst.

Weg 1: Du liest das Buch bis zum Ende, klappst es zu und lässt es in deinem Bücherregal unberührt herumstehen. Du kennst nun unzählige neue Techniken und Tipps, wie du den maximalen Erfolg durch mehr Freizeit erreichst und bist glücklich. Das ist okay, wenn es dir genügt. Aber eigentlich sollte es, wenn nicht bereits geschehen, mit Weg 2 weitergehen.

Weg 2: Du legst dieses Buch auf deinen Nacht- oder Schreibtisch und erprobst von heute an jeden Tag eine neue Technik. Dabei kommt es darauf an, dass du Routinen in dein Handeln einbaust und nicht versuchst, alle Tipps auf einmal umzusetzen. Ansonsten kapitulieren du und dein Marv irgendwann komplett und ihr fangt beide bei 0 an. Such dir einen Tipp und wende ihn jeden Tag in der Woche an. Egal ob Wochentag oder Wochenende.

Nur so bringst du Routinen in dein Leben, welche automatisch ablaufen und dir jede Menge Zeit ersparen. Ganz wichtig: Beginne nicht morgen! Beginne sofort!

Du hast im Verlauf des Buches deinen Marv nun etwas besser kennenlernen dürfen und weißt nun, wie du ihn zu nehmen hast. Dein Fehler wäre es nun also, die Umsetzung auf morgen zu verschieben. Wenn du das machst, gibst du deinem Monster die Zügel in die Hand und dein Leben wird weitergehen wie bisher.

Reiße die Zügel an dich und tue es jetzt!

Dein Marvin

BONUS BOX

Herzlichen Glückwunsch! Du bist zu einem richtigen Monster-Bändiger geworden!

Ich möchte dir ein kleines Geschenk machen. Dafür, dass du es bis zum Ende geschafft hast!

Wenn du weitere interessante und hilfreiche Tipps rund um deine Produktivität erlernen willst, dann kannst du mir kostenlos auf Instagram folgen.
[Name: dental_med_life]

Auf dieser Seite poste ich regelmäßig neue Erfahrungen und Tipps rund um meinem Studentenalltag!

D.h. für dich: kein neues Buch kaufen und trotzdem neue Tipps erlernen. Ist doch ein super Deal oder?!

Wenn dir das Buch gefallen hat, würde ich mich sehr über eine positive Bewertung in deinem Online Shop oder auf meiner Instagram Seite freuen.

Falls du Kritik äußern willst, dann kannst du mich ebenfalls jederzeit gerne kontaktieren.

P.S. Unter dem Hashtag #DankDirMarv könnt ihr gerne eure Bilder und positiven Erfahrung mit diesem Buch teilen!

Meine Community und ich freuen uns sehr auf Dich!

Danksagung

Obwohl dieses Buch als Autor nur einen einzigen Namen trägt, so stecken doch viel mehr Köpfe hinter der Idee und ihrer Umsetzung. Ohne die Hilfe eines tollen Teams, wäre das Buch niemals so weit gekommen, wie es jetzt dir, lieber Leser, vorliegt. Aus diesem Grund möchte ich mich bei ein paar Menschen bedanken, die dieses Projekt erst möglich gemacht haben. Zu aller erst möchte ich meiner Familie danken, die ihren verdienten Urlaub immer mal wieder unterbrochen hat, um sich meine Ideen und Gedanken anzuhören. Zusammen entwickelten wir die Idee des Monsters, welches ein jeder von uns unter seinem Bett am Leben hält.

Als nächstes Danke ich meinen jahrelangen Freunden Lena und Tobi, die mir bei der Gestaltung der Monsterfigur und auch bei der Ideenfindung so mancher Anekdoten geholfen haben. Neben der rein mentalen Entwicklung benötigte das Monster natürlich auch eine künstliche Hülle.

Mit viel Zeit und Aufwand entwickelten mein Bruder Laurin und ich das Buchcover.

Der letzten Person meines Freundeskreises ist wahrscheinlich gar nicht bewusst, wie viel sie zu diesem Buch beigetragen hat. Ohne Sarahs Interesse und Euphorie an dem Lernen und der Produktivität wäre dieses Buch wohl niemals entstanden.

Ich danke euch allen von Herzen!

Zuletzt möchte ich dir, lieber Leser, danken, dass du dich für mein Buch entschieden hast. All die Mühen und schlaflosen Nächte wären ohne dein Interesse völlig umsonst. Wenn auch nur ein einziger Tipp dazu beiträgt, deine Produktivität anzukurbeln, dann bin ich zufrieden und unsere Arbeit war nicht umsonst.

Jetzt bleibt mir nicht mehr viel zu sagen, als dir einen baldigen Erfolg bei der Umsetzung zu wünschen!

Wir hören voneinander ok?

Bis bald.

Mein Buchtipp

Mehr Follower, mehr Interaktion, mehr Reichweite? Ganz einfach! Mit diesen 16 Tipps geht's Ruckzuck zum Erfolg!

Preis: 2,99€